# 情緒傷害的醫治

黃麗彰 著

**情緒傷害的醫治**
作者／黃麗彰
總編輯／馬鎮梅
責任編輯／賴百樂　伍詠慈
美術設計／鄺穎殷
出版發行／突破出版社
香港沙田亞公角山路 33 號突破青年村
電話：2632 0000　傳真：2632 0388
電郵：breakthrough@breakthrough.org.hk
網址：http://www.breakthrough.org.hk
http://www.btproduct.com
承印／海洋印務
2006 年 10 月初版 1 刷
2009 年 7 月初版 3 刷
2018 年 3 月 2 版 1 刷
2025 年 2 月 2 版 3 刷


Healing of Emotional Injuries
by Wong Lai Cheung
First Printing, First Edition, October 2006
Third Printing, First Edition, July 2009
First Printing, Second Edition, March 2018
Third Printing, Second Edition, February 2025

Printed in Hong Kong
ISBN 978-988-8392-71-1


**本書採用環保油墨印刷**

# 生 活 與 輔 導

關懷、連繫、復和、

溝通、對話……

凝視心之脈動，

直到重新尋獲自己的心。

# 目錄

# 再版序

這些年來我接觸了來自不同地方的華人，向他們提供輔導，我發現一個有趣的現象，就是活在香港的華人，是最困難接觸內心世界的。為什麼會這樣？我想這是與整個社會的環境有關的，香港社會空間狹小、競爭劇烈，加上教育制度輕視人文教育，我們好像沒有一個探索內心世界的有利條件；扎根內在世界，是開展外在世界的基礎，但社會只講求得失，不着重成長，生命怎會有深度？

很多尋求輔導的人，都希望用簡單的方法解決問題，然而人生的問題不是簡單的數學程式，當中涉及很多自我了解的需要；缺乏自我了解，生命便缺乏深度，亦不能明辨是非，遇上問題便會短視，甚至盲動地回應，結果問題愈來愈糾結。

自我了解有多個向度，其中一個向度是情緒，很多香港人便是缺乏這項，莫以為情緒人人皆有，要了解它是瞭如指掌的事；很多時我們只知表面的情緒，開心與不開心，但再深層的情緒就無從知曉了。情緒影響思想，缺乏對情緒的洞察，不知道情緒如何影響我們的思想，就會誤以為自己的思想是理性的思維，不曾受情緒影響，更甚者，把它視為真理，結果活在自己建構出來的主觀世界而不自知，排斥其他與自己不同的人，產生判斷，造成阻隔，形成了人與人之間的疏離，這是造成情緒創傷的一環。

為什麼我們缺乏對自我情緒的了解？因為社會對人文教育不重視，我們的教育制着重知性教育，訓練學生成為技術人員，嚴重缺乏人文教育的栽培，人文教育包括文學藝術音樂等等，這些看似沒有市場價值，但卻影響我們怎樣做人的科目，被教育制度視為可有可無；文學藝術是擴闊我們對人性了解的途徑，唯有洞察人性，才能知己知彼，達致成長，衍生智慧。我也是在這個教育制度走過來的，長大後才知道人文教育的重要，讀書時卻失去了修讀人文學科的機會。後來我有幸當上輔導員，接觸了來自不同階層的人，他們有血有肉的人生故事，讓我窺探人內在世界的奧秘，發現生命是可以那麼豐富和有深度的，雖然我的文學藝術根基薄弱，但我希望透過我對心理學的認識，能帶領讀者進入人性的世界；

不過話説回來，我對人性的了解還是有限，故此本書還有很多未善之處。

承蒙突破出版社再版這書，我感到榮幸與安慰，榮幸者，是這本書還有讀者；安慰者，是閱讀這本書的人有成長的興趣。人之為人，除了物質生活外，還有心靈的追求。多年來突破出版的同工，便是懷抱着滋潤人心靈的使命，即使在出版界面臨寒冬的季節，仍然深耕細作，無怨無悔地工作，我謹此向他們致敬。

# 甄序

與作者麗彰認識多年，一直欣賞她對周圍的人和事有無限的興趣，加上她的洞察力及對人的憐憫，讓她成為一位出色的輔導員。近年來，神用她的筆觸感動人心，細膩地將人內心的掙扎表達出來，讓不少讀者產生共鳴。近來與她接觸機會多了，更覺得麗彰是一個充滿生命力、感情豐富的人。

今次承蒙麗彰的邀請，為她的新書《情緒傷害的醫治》寫序，當翻閱本書內容時，便明白麗彰為何找我寫序，因為有幸聆聽姊妹細訴近來與丈夫所遇到的考驗；雖未必完全體會她所經歷的「痛」，但也可在旁表示支持！

倘若可以選擇，甚願痛苦遠離我們！回望過去的歲月，我也曾遭遇挫折、失敗；面對來到輔導中心的受助者，所聆聽到的盡是生命歷程的危機，盡是痛苦、沮喪的經歷，似乎總撇不掉痛苦！對於如何處理痛苦，在坊間不難找到有關的書籍；但在此書內，麗彰不否定痛苦的經驗，反之，她引用自己個人及輔導的經驗，給正在受傷的人一些提示，因她曾經歷過，才能體會受傷的人的痛苦。

本人非常同意麗彰在〈跋〉所寫的：「痛苦是一個由自我偏執至自我捨棄的歷程」。她清楚指出醫治傷痛是要有過程的，竅門在於捨棄偏執的自我。不可否認的是，我們受傷害，都因「別人」而起；我們是否得以逃離痛苦，卻是因「自我」而起——每個人都能找到藉口，並為自己不好的態度及脾氣去責怪別人或過往發生的事情，然後繼續沉溺在「自編、自導、自演」的痛苦中。在輔導室內，不少人心中含着苦毒、怨恨，他們正被痛苦煎熬着，找不到真正的喜樂；他們會在自憐中打滾，總是為自己感到難過，認為命運對他不公平，甚或神沒有眷顧他們。從本書中，我覺察到當我們願意從舊的傷痛中跳出來，超越傷痛，讓自己活在神的手中，這樣，我們可能洞悉到痛苦背後的屬靈意義。

麗彰在本書的第七章裏，讓讀者得以看見「捨棄偏執自我」所帶來生命的改變，包括虛懷、憐憫、寬容、感恩、定力、回應、超脱、尊重、智慧和愛。當我們願意捨棄自我的時候，新我便會誕生。對於我這個關顧別人的人，這個信念更有意義。當我捫心自問：「誰是好的關顧者？」斷斷不僅是給予意見、提供解決方法的人，而是分嘗甘苦的人。面對一些正被痛苦煎熬的受助者，關顧者往往不自覺地說：「節哀順變吧，你所愛的人在神的手中。」或是「不要失望，世上美好的人和事還多着呢！」「比你遭遇更坎坷的人，隨處都在！」不過，若我們深摯的說一聲：「我或許不能完全明白你此時的感受，但在此刻，我和你一起。」我們是否不願意面對痛苦，甚至逃避進入別人的痛苦中？受過傷害而又能跨越的人，才會明白這些痛苦的感受，並且藉着經歷給予我們說出安慰話語的能力。當關顧者聆聽，是聆聽受助者的說話；當關顧者回應，是向着受助者說話。這樣才算是愛！

閱讀本書時，腦海不時浮現一首耳熟能詳的詩歌，歌詞是：「神未曾應許天色常藍，花香常漫」，既然如此，不要再問：「為何是我？」「為什麼會這樣？」對於過去發生的事，我們無從改變，但我們可以選擇如何面對眼前的事；好好接受神所賜予自己的東西，並善加運用。最後，儘管我們經歷傷痛，別忘記神的應許：「倚靠耶和華的人好像錫安山，永不動搖。眾山怎樣圍繞耶路撒冷，耶和華也照樣圍繞他的百姓，從今時直到永遠。」（《聖

經・詩篇》125 篇 1 至 2 節)

我誠意推薦本書予那些面臨傷痛及關顧別人的人，我盼望本書能成為眾人的幫助。

與麗彰一起同工的

**甄鳳玲**

香港理工大學應用社會科學系講師

2006 年 9 月

# 自序

在大學讀書的時候，曾有同學問我：「你情願做一頭無知但又快樂的豬，還是做一個清醒而又痛苦的人？」我不加思索，便爽快地回答：「當然是做一頭無知但又快樂的豬！」對當時少不更事的我來說，做人快樂是人生最重要的目標。

想不到時間飛逝，已過了二十多年，腦袋依然清晰記起這條問題。在這段日子，我無法做一頭無知又快樂的豬，因為一個接一個的「磨練」臨到；我曾抱怨生命，在午夜夢迴的時候，竟發覺自己淚流滿臉，我不明白為什麼我不能過一些風平浪靜的日子；但當一切安靜下來的時候，我驀然發現生活的磨練已把我改變了很多很多。這些磨練令我不情願地看見自己的幽暗面，卻亦令我感激上帝無微不至和永不捨棄的慈愛。我彷彿領悟到生命在感官表象下，有更深刻的真相，宇宙間有太多有待我們參透的奧秘，我們所知的實在太少、太少。

老實説，當困擾臨到的時候，我們自然而然想尋求方法，儘快解決；又或想盡方法逃避，但當沒有即時的解決方法，又不能躲避，同時又發現這些痛苦留下不能磨滅的烙印，我們唯有痛定思痛，靜思這些痛苦對我們生命的意義，從情緒創傷中領悟生命的真諦。

不論是自己，還是在輔導室裏遇見的當事人，都曾在情緒傷害中受過煎熬，能否跨越，往往繫於一念之間。當我們仍肯定生命的價值時，便會積極尋找醫治的方法，在過程中更認識自己，更體會造物主的偉大和慈愛。

撰寫此書是個大膽的嘗試，因為情緒傷害的醫治是一個深邃的課題，坦白説，書中還有很多未完善之處，懇請讀者見諒。

此書的完成，很想多謝突破出版社總編輯鎮梅，每次與她深入地交談，總有一些動人的回憶；還有百樂弟兄，他細心的編輯和交代，令我佩服他的耐性；另外打字員 Queenie，要她閱讀我這些凌亂和潦草的文稿，真是難為了她！

另外亦要衷心感謝朱牧華先生慷慨賜稿，他從九型人格的角度看情緒傷害，豐富了此書的內容；還有Phyllis（甄鳳玲博士）在百忙中為這書寫序。她誠懇的回應，令我非常感激。

最後，丈夫的鼎力支持，也是令我心感安慰的。撰寫此書期間，正值他面對生命中一個重大的考驗，在這患難的日子裏，夫婦倆在風浪中携手渡過，而在朋友們真誠的關懷中，亦更體會人間的美善。

（註：書中所有例子出現的名字都是虛構，內容則以真實案例的材料交錯編織而成。）

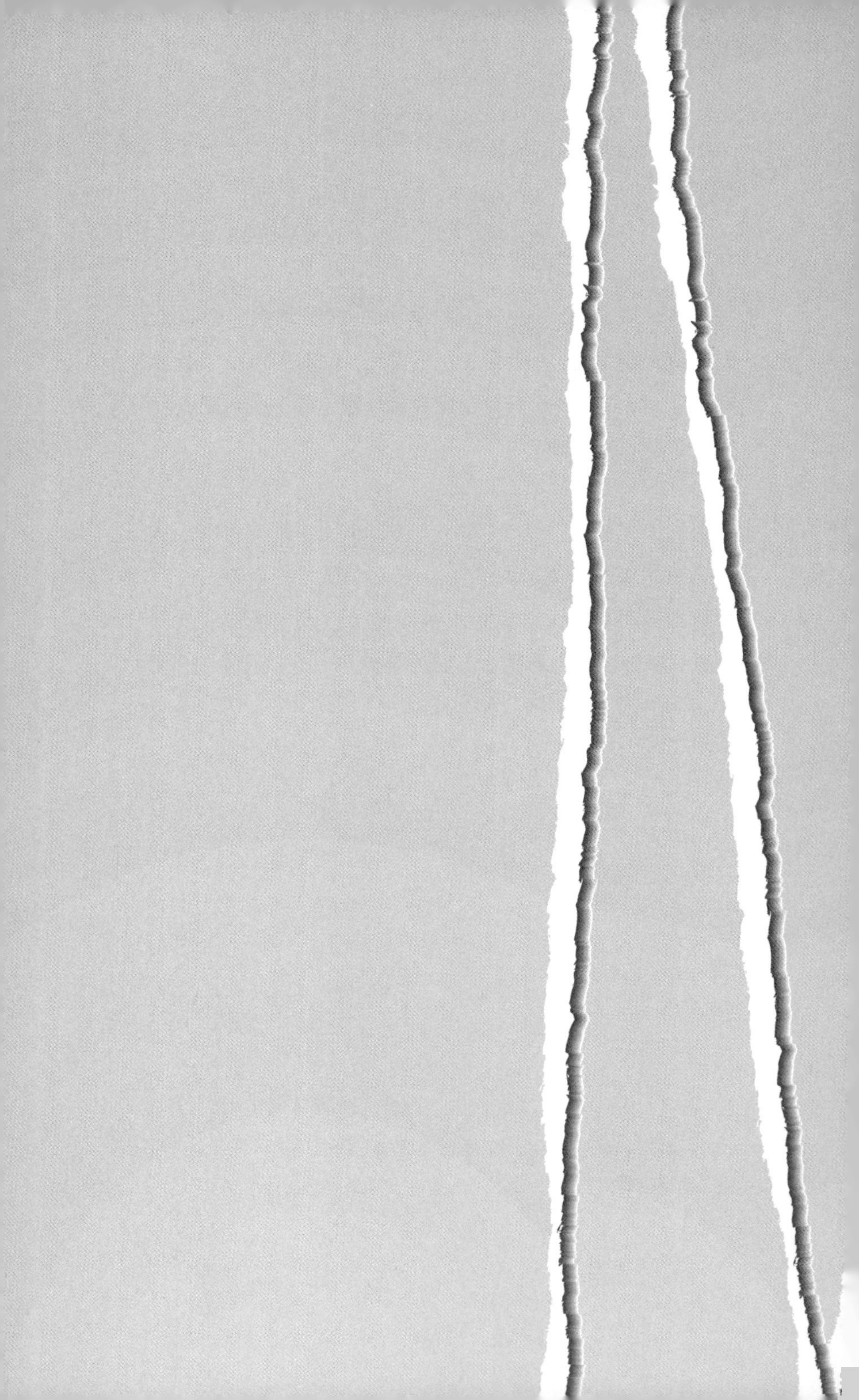

# 上篇

## 情緒傷害面面觀

# 第 1 章

## 引言 —— 容易受傷的一代

多年前，我曾代表香港某個基督徒組織，參加一個在泰國曼谷舉行的婦女會議，這個會議的目標是探討東南亞各國婦女的生活狀況；席中各國代表分別陳述她們的故事——泰國婦女面對嚴重的雛妓問題，苦不堪言；菲律賓婦女面對生計問題，很多要離鄉別井，在別國充當傭工，飽受思鄉之苦；印尼婦女遭受嚴重的不平等待遇，女性的尊嚴受到無理摧殘——各國婦女紛紛述説她們的苦況，相較之下，香港和日本的婦女是較幸福的一羣，不論在教育和經濟層面都受到較佳保障。

與會者中，令我留下最深刻印象的，是那位來自韓國的代表（姑且叫她惠芬吧），雖然她的英語水平有限，但她的故事卻令在場的人肅然起敬，有些更黯然下淚。

惠芬出身自韓國的低下階層，母親是個傳統的婦女，父親的脾氣卻很剛烈，當他飲得酩酊大醉時，往往把惠芬毒打，打至她遍體鱗傷。母親眼見丈夫虐打女兒，卻無力阻止，因為她也是個受害者。當惠芬只有十餘歲時，便離家出走，沒有接受良好的教育；惠芬只得做些苦力工作，小孤雛受盡欺凌，後來幸得某些婦女團體的協助，惠芬再有受教育的機會。長大後她為了回饋昔日恩情，亦開辦了一所婦女庇護中心，收容那些遭受虐待的貧苦婦女。惠芬經歷無數生命的波折，但她沒有放棄，她那股頑強的生命力和鬥志，令在場的聽眾都只能用沉默和安靜來表示對她的尊敬。

按照常理，惠芬應該有很多情緒傷害，不論是尊嚴受踐踏、被冤枉、被侮辱⋯⋯內心定是傷痕纍纍吧；一向從事輔導工作的我，遇見惠芬，就加倍留神，因為一個情緒受傷的人，很容易被別人的説話再傷害，何況惠芬的傷害是無以復加的。然而恰恰相反，惠芬是一個大情大性的人，活潑開朗，若不是聽罷她的故事，根本不能相信她曾遭受的傷害。本來我提醒自己要留心自己的一言一語，但她的直率開朗，教我放開懷抱，與她談笑甚歡，我倆還曾結伴到曼谷的海鮮市場，飽餐一頓。

惠芬確實是個傳奇女子，她不是那種弱不禁風、情感細膩的女孩。她熱情、開朗、直率、勇敢、正義，我不禁問，她的生命力從何而來？她的活潑開朗是否要遮掩她內心的情緒創傷？為什麼她沒有我心目中那些情緒受創者的痕迹？雖然我不能解答以上種種問題，但與惠芬相處愈久，我愈加欣賞她的真誠，她的生命力。

要怎樣的環境才能培養出較健康的一代？捫心自問，我們這一代是容易受傷的一代，很多生命的際遇都留給我們情緒上的傷害，久久不能磨滅。究竟是什麼令我們這一代變成容易受傷的人？除了那些直接與我們交往的人所帶來的影響外，社會的大氣候也促成容易受傷的一代。

什麼社會大氣候會促成容易受傷的一代？

## 一. 鬱悶的社會氣氛

近年來香港的社會氣氛瀰漫了鬱悶，政府施政屢屢失誤，醫療、房屋、交通等社會服務好像在崩潰邊緣而沒有資源改善，全民退休保障更是遙遙無期；那邊廂興建高鐵卻超支又超支；社會出現深層矛盾，變得兩極化，家人朋友可以因為政見不同而鬧翻。社會充滿戾氣，年輕的一代尤甚，他們看不過眼很多問題要發聲，結果竟然成為階下之囚，姑勿論他們所用的方法是否適切，但他們所提出的問題是值得正視的，那些坐在權力之位的人，又有多少真心聆聽、誠意地回應他們的訴求？社會把是非顛倒、黑白不分，公義不能彰顯，更以謊言取代真相，公道之心人皆有之，政權竟把這份公道之心扭曲、踐踏，無怪乎社會瀰漫一股鬱悶的氣氛，傷害了人們的心靈。

## 二.自我意識膨脹

沒有健康的社會氣氛，社會上的人只好自求多福，各家自掃門前雪，彼此激烈競爭，社會充滿焦慮的情緒；在個人的層面上，似乎形成一個通病，就是自我意識特別膨脹。一個自我意識膨脹的人，是十分敏感別人對自己的評價和看法，他會注意自己在別人心目中的形象，他渴望別人喜歡自己，由於自我價值是建基於別人的認同上，自我意識膨脹的人會很容易受到別人一言一語的影響，甚至傷害。自我意識膨脹的人對自己的認識壓根兒只流於表面，除了知道自己的感受、喜好和期望外，對於自身的價值基礎、幽暗面、召命等都模糊不清。換句話說，究竟他們真正的需要是什麼？有什麼是出於內心的呼聲而非滿足別人的期望而做的？當夜闌人靜的時候，自我意識膨脹的人特別感到空虛和孤獨，因為他不知道自己是誰，不知自己為啥而生、為啥而活，白天只沉溺於營營役役的追求，但當安靜下來，停止追求的時候，內心突然會出現莫名的孤寂，甚至恐懼，他發現自己處於一種與周遭隔絕的狀態，自己好像沒有根，似是活於水面的浮萍，隨着周遭環境的牽動而受影響。

由於缺乏對自身生命的真正認識，無怪乎受別人的一言一語影響，當對方説了一句説話，彷佛自己便是對方所説的那樣，情緒深受困擾。

## 三 . 人際關係的疏離

發展一種漸趨成熟的情感，過程是需要一個正常的社教化環境，[1] 我們要與不同的人交往，從交往的互動中，我們漸漸發現真我，卸下假我的面具；但這個過程必須要有一個真誠的社交羣體，彼此用愛心説誠實話，而並非唯唯諾諾的表面交往。

這類羣體在香港愈來愈罕見，首先因城市急促發展，我們未能維繫持久的友情；有很多相交超越數十載的友情，因搬屋、就業、移民而遭破壞，在這個城市生活，是很難留住歷史的，只要我們離港一段頗長的時間，回來後會發覺一切事物都面目全非；相較在其他先進的西方國家，他們反而很重視歷史，國民更着力保存文物。筆者認識很多人在英國唸書，縱然他們離開了十年，再回去後，都會發覺建築物和街道沒有改變；雖然事隔多年，故地重遊也沒有陌生感。在香港這個城市生活，實在有種無根的感覺，急速的城市發展，令我們在人際網絡裏，付出沉重的代價。

還有，因着香港的急促生活步伐，令朋友之間，彼此無暇傾聽；當不如意的事發生，我們很自然需要一個傾訴的對象，透過分享，撫平心中的情緒，但大家都這般忙碌，找朋友傾訴豈不是令人百上加斤？這又怎過意得去？於是內心不住積壓未清的情緒，到了一個地步，心靈滿佈塵埃，再不能承托更多的負面情緒，只待時機成熟，就來一次大爆發，或許是精神出現問題，或許是身心病，或許是情緒飄忽不定，連自己也不知自己想要什麼。

另外一點，亦是香港人的人際網絡特色，就是工作上的夥伴和同事，往往亦是朋友。換言之，香港人的工作圈子與朋友圈子有很大程度的重疊，由於工作時間過長，沒有閒暇結識工作範圍以外的朋友，我們的社交網絡便在很大程度上建立於工作範圍內，那麼問題在哪裏？工作上的朋友很容易與我們有利益上的瓜葛，若然以真誠相對，會否惹來不必要的麻煩？明智的做法，最好大家「好來好去」，避免彼此開罪，如此又教我們怎能以真實的自己示人？大家都戴上人際關係的面具，長久下去，連自己也不知自己是誰。對自我了解含混不清，就更加敏感別人對自己的看法。

## 四．割裂的人生

很多不如意事，所造成的情緒創傷，只要是有意義的，本來沒有什麼大不了；因為有意義的創傷比較容易醫治，而無意義的創傷就糟了。[2] 當我們的人生漸漸失去意義，輕微的情感創傷也可以造成嚴重的後果。現代生活其中一個特點是割裂的人生。我們與人割裂、與歷史割裂、與自然割裂，生命的片段好像零零碎碎的組合，今天所承受的痛苦，不知與明天的人生際遇，甚或與整體的人生意義有什麼連繫，我們只能活在今天所擁有的一切，以眼前的感官為衡量價值的準繩。這種割裂的人生，令我們只活在自我的世界中，活在眼前的感官世界裏，因為抽象的意義離我們甚遠，摸不到又捉不住。

要體會人與人、人與歷史、人與自然的連繫，從而發展一套有意義和有價值的人生觀，需要一個沉澱的空間，讓我們領悟得到感官世界不能捉摸的真理，參透造物主向我們的啟示，但香港的生活往往缺乏一個悟性的空間；人們步伐急促，注重即時成效，若要透過耐性去讓生命中的際遇沉澱，似乎付不起這種時間和代價，於是生命中的經驗不住擦身而過。不如意的事情發生了，我們只着眼怎樣解決它，而不會問這些事情對我們的生命有什麼意義，更不會參透這件事情與人生真理的關係。如此這般，我們的生命缺乏深度，沒有深度的生命，遑論承受人生的苦楚。

## 五．心靈枯乾缺少滋潤

活在步伐急速的社會，缺乏滋潤心靈的空間，也少了接納不如意事情的能耐。傅士德在《屬靈操練禮讚》中說：「今天人類社會最大的束縛之一是一種慾望，就是要求一切都要按照我們自己的意見而行。」[3] 於是當人生有不如意的事情，我們便感到非常憤怒，甚或鬱鬱寡歡；只要有一件小事不依我們的意思而行，便會大發雷霆，我們實在缺乏一個滋潤心靈的空間，亦要一個陶冶性情的環境來培育耐性，狹小的心靈空間令我們什麼都要即時成效，什麼都要依己見而行。

記得小時候，老師鼓勵我們要用心陶冶性情，不論是透過音樂、閱讀，還是其他需要耐性去做的事情，只要日復日、年復年用心去做，品性便會得到陶冶。但凡透過長久修煉去做的事，都不能即時看見它的成效，但日子久了，便會有明顯的分別。個性沒有經過陶冶、操練，便會缺乏深度與能耐，又如何經得起生命的波折？很可惜，社會瀰漫焦慮、急速的氣氛，我們已漸漸缺乏操練個性的環境，無怪乎小小挫折也會令我們暴跳如雷，情感大受創傷。於是便容易成為受傷的一代。

## 六. 講求面子的文化

有人説西方是一個以內疚為主的文化，而中國則是一個以恥感為主的文化，[4] 以恥感為導向的文化講求面子，要在人羣中標榜自己的名聲。「由於『面子』不僅牽涉到個人在其關係網中的地位高低，而且涉及他被別人接受的可能性，以及他可能享受到的特殊權力；因此，在中國社會中，『顧面子』便成為一件和個人自尊（self esteem）密切關連的重要事情。」[5]面子對中國人太重要了，而面子便是建立在別人的評價上，這種講求面子的導向在在影響我們如何消化別人對我們的觀感。若然別人對我們的評價差，便意味着我們不被人接納、失去人際關係的權力，甚或連自尊也要失去，是個關係重大的影響。由此而言，別人的看法便構成深層的情感傷害。記得一代影星阮玲玉便是在「人言可畏」的壓力下自殺，可見在中國社會，人言和面子所帶來的殺傷力。

## 小結

社會競爭激烈、步伐急速，缺乏持久的個性陶造、形成過分自我中心、割裂人生、與及疏離的人際關係，再加上中國文化注重面子的傾向，似乎都令這一代變得容易受傷。究竟在大文化裏，個別生命可以怎樣面對種種情緒的創傷？本書的目的，是嘗試用心理、情緒的向度，再配合個性的理論，一同探討如何面對情緒創傷的醫治。

**參考書目：**

1 Freshwater, D. & Robertson, C.（2002）. *Emotions and Needs*. Buckingham: Open University Press. p.75.

2 喬安・波利森科著，陳蒼多譯（1995），《受苦的正面意義》。台北：生命潛能文化事業。頁 153。

3 傅士德著，周天和譯（2001），《屬靈操練禮讚》。香港：學生福音團契出版社。頁 136。

4 朱岑樓（1974），〈從社會個人與文化的關係論中國人性格的恥感取向〉，載於李亦園、楊國樞編，《中國人的性格：科際綜合性的討論》。台北：中央研究院。頁 95。

5 黃光國（1988），〈人情與面子：中國人的權力遊戲〉，載於楊國樞主編，《中國人的心理》。台北：桂冠圖書公司。

# 第 2 章

## 認清情緒的傷害

若我們發生意外，身體上的傷害顯而易見，不論是流血、瘀痕、結疤，都讓我們清晰知道受傷的位置（除非是內傷，但隨着科技進步，透過精準的儀器，也可能知道受傷的位置）。然而情緒傷害卻很難讓人知道，因為情緒是無形的，我們怎知它受了傷害？若要知道情緒傷害的存在，只能靠一些外顯行為，去了解某些心理傷害已經發生。筆者從臨牀經驗，歸納了以下數種症狀：

## 一. 自卑的傾向

深層的情緒傷害，不但令人不好過，更甚者是傷及自尊，因為自尊受了傷害，受傷者壓根兒覺得自己是無用的人，不單自己相信，也要説服周遭的人相信，縱然偶有成功的事例，也只會認為是運氣所致。

美娟的自信心非常薄弱，做任何事情都怕出錯，即使別人沒有批評她，她已經有一番自我批評，經常認為自己是無用的人。有一回，她在第一次駕駛執照考試中就取得及格，周遭的朋友多要兩、三次才及格，別人稱許她的能力，豈料她聽罷不但沒有半點喜悅，還有點兒不安，不住說這只是她的運氣，並非她的能力。原來在她不安情緒的底下，是一種莫名的恐懼，她害怕別人會因她的能力對她有過高期望，若她做不來，令人失望，豈不會令人不喜歡她？美娟唯有相信自己無用，又設法令人相信她不行，免卻別人對她期望過高的壓力。

另一種自卑的特徵是做事半途而廢，俗語說「有頭無尾」。有些人起初懷着十分的熱誠投入某項工作，但只維持了一段時間便放棄，因為他預定自己將會失敗，何不早點放棄，避免赤裸裸面對失敗的事實。若是自信強的人，他們即使失敗，也不怕面對，只會從失敗中痛定思痛，反省自己失敗的原因，再接再厲，直至有天成功。但情緒受傷的人心底根本不相信自己是有能力的。在事情未完結之前已預定自己是失敗，唯有及早放棄，結果變成半途而廢。

志偉在同事不住鼓勵下，終於申請升職並獲通過，可惜他始終認為自己不能勝任，只好臨陣退縮。志偉清楚表明，他寧可今天讓同事對他失望，也不想他朝當了上司後，同事紛紛離棄他。似乎他已認定自己會是個失敗的上司，唯有及早逃避。

亦有一種因自卑而衍生的自大。一個有自信而心理健康的人，當肯定自己的能力時，是較少會冒犯別人的；但一個因自卑而自大的人，表面上是不住誇許自己的成就、才幹，同時亦會帶着踐踏別人的意味。他們透過踐踏別人來抬高自己，雖然客觀上已有很多成就，但壓根兒是不相信自己的能力，心中仍要經常與人比較來衡量自己的位置，為了克服因自卑而來的困擾，就要踐踏別人，硬把別人比下去。

曉峰在羣體中是個不受歡迎的人物，因為他經常取笑別人，又顯得驕傲，別人誤以為他是個不理會別人看法的人，我行我素。但有誰知道他內心深處的寂寥？其實他十分介意別人對他的看法，他希望別人喜歡自己，但他不想透過討好來贏取別人的歡心，而是要自己顯得有個性、高人一等。他從來不懂得與人平等地交往，他只期待別人仰慕他，有如英雄般崇拜他，他才會覺得自己有用和有價值。

一般來說，自卑感強的人是很難透過別人的讚賞來肯定自己的，相反他們對讚賞既愛且恨。一方面他們需要讚賞來肯定自己會動搖的自信心，但又怕讚賞而來的期望，他們最大的困擾是不能把自己看得合乎中道，真真正正認識自己的價值和能力。

## 二．懷疑的傾向

有這種傾向的人對別人的評價十分敏感，經常懷疑自己是否不被接納，有時對方一句無心之失的說話，也可以令他們傷心欲絕。

秀敏是一個十分敏感的女孩，朋友也知道她的脾性，故此說話時已十分小心，唯恐得罪她；由於她的心靈太脆弱，朋友也有點兒怕在得意忘形的時候，又有說話傷害她，所以有時私下約會而沒有邀請秀敏，卻給秀敏發現，更加令她懷疑別人排斥她，於是形成了一個惡性循環，秀敏變得愈來愈敏感，朋友亦愈來愈敬而遠之。

有懷疑傾向的人為了取悅別人，得到別人的接納，有時會出現完美主義的傾向，他們希望做人做事盡善盡美，叫人毫無指摘，別人便會喜歡自己。但很可惜，愈是要完美主義，別人愈怕他，因為完美主義者對人對己都會製造很多壓力，本來想博取別人的歡心，結果卻令人避之則吉。

另外，有懷疑傾向的人也經常懷疑別人的動機，當別人讚賞自己時，會懷疑別人是否安慰自己，而非出於真誠的賞識；當別人沉默不語時，又會懷疑自己是否開罪了對方，令對方有所不悦；當別人不告知他們的難言之隱，又會懷疑對方不信任自己，甚至對自己有不良的評價。

很明顯，這類人對人缺乏信任，可能由於昔日的情緒傷害破壞了他們對人的基本信任，因此很難令他們完全相信別人所説的；正因他們很快便會懷疑背後的動機，別人好像怎樣做也不能消除他們內心的疑慮。

在別人眼中，智美是個頗難相處的人，因為她實在太敏感，不單一句無心之失的說話會傷害她，有時直接向她澄清，也難令她信服。其實智美已盡心盡力，好好待人，經常努力地約朋友聚會，有什麼事也樂意主動幫忙，但朋友最怕她不相信別人說話的樣子，或許是她太精明，好像什麼都瞞不過她，要與她交往，必須要有百分百的透明度，但友人之間又怎可能做到呢？朋友只盼望智美多給人一點信任的空間，因為信任會帶給朋友更大的安全感，或許每人心中也有一些不可言喻的苦衷，若智美能留給別人這點空間，朋友與她相處也會舒服多了。

具懷疑傾向的人也會容易生氣，由於他們太敏感別人的說話及言行，經常都活在怕被排斥、欺負的恐懼中，處處都格外留神，結果把自己拉得緊繃繃的。雖然他們不一定在言行間表達不滿，但事情稍不如意，內心已容不下，在別人眼中顯得小器，但自己卻又覺得冤枉、委屈，不知道怎樣可以跳出這種對人對己都十分疲累的循環。

## 三. 自我保護的傾向

存這種傾向的人，最怕面對自己的過失，因為太怕遭受譴責，要諸多辯解，企圖推卸責任，為自己解圍，又或是竭力掩飾過失，不敢面對別人的追究。由於太習慣為自己辯解，這會發展出很多狡辯的能力，別人是很難令他們安定地反省自己。縱使他們無可避免地要承擔部分責任，也會認為是別人弄致這樣，故此更大的錯都在別人身上。在無可狡辯時，他們便覺得別人迫人太甚，作出反擊，例如找出別人做錯的地方，目的是令對方沒有資格指控自己，既然「你有錯，你便沒有資格批評我了」。面對一個自我保護性強的人，有時真的令周遭的人無所適從，即使用愛心說誠實話，他們也聽不進去。

耀明便是一個典型的例子。他是一個很有才華的人，可惜他有這種強烈的自我保護傾向。耀明幼年時曾遭父親虐待，由於父親未能做個好榜樣，他根本不信任權威，父親只不過向他發脾氣，不是什麼管教；長大後，耀明很難真誠地相信別人對他的提點，因為對耀明來說，「提點」只不過是個想攻擊他的表面藉口。每當面對別人的評語，他第一個反應是保護自己；小時候長期被冤枉，他內心衍生的是忿恨、反擊，這些情緒就好像一層厚厚的心靈塵埃，令耀明不能看清自己的本相，因此他內心深處真的不能看見自己有什麼地方做錯，相反，他覺得是周遭的人傷害他，他必須竭盡所能保護自己。

另一種自我保護的傾向是不敢承擔責任，或是逃避責任，在他們心目中奉行「多做多錯，少做少錯，不做不錯」的原則，他們實在太怕面對錯誤，彷彿犯了錯或遭人找到錯處，就是否定了自我價值，因此千方百計想逃避。有時為了避免犯錯而把事情一再拖延，以為用「鴕鳥政策」便可以避免別人的指控，但結果愈是逃避，別人對他們的評價便更低。

表面上，子聰是個好好先生，但太太最不喜歡的是他那種不肯承擔責任的傾向，他好像一條大懶蛇，每向他伸一腳，他才動一動。其實子聰的成長背景充滿坎坷，他的母親脾氣剛烈，小時候的子聰曾是活潑好動的小孩，但在母親心目中，他既頑皮，又難管教，在自己情緒欠佳的日子下，對子聰便加倍惡言相向。無辜的子聰面對母親猛烈的情緒，還不知自己錯在哪裏，已遭毒打一頓。子聰知道自己做什麼也不能討母親的喜悅，漸漸地學會躲避，似乎透過躲避，他還可享有片刻的安寧。子聰經常活在自己的世界裏，滿腦都是幻想，有時他還覺得幻想後，事情好像已經辦妥，但在現實世界裏，他根本沒有完成該完成的責任，當太太直斥其非時，他會再次躲進自己的幻想世界，太太始終拿他沒法兒。雖然他避免與太太正面衝突，但夫妻間相處的問題卻不曾解決。

## 四．強迫的傾向

由於太害怕事情失控，這種傾向的人會把自己的意見和想法強加於人，硬要別人接受。若然別人不接受，便用種種伎倆，包括情緒操控、權力等令別人就範，他們深信事情只要跟自己的意思去行，一切就會妥當，他們便擁有安全感。

存這種傾向的人是沒有安全感的，他們太需要別人認同自己的觀點，故此難於接受不同意見，當別人否定自己的意見時，就好像否定自己。

漢明是個固執的人。當他定下主意，別人幾乎沒有可能改變他的想法，在工作上，他一定要下屬順從他的意思，若有人與他的意思不同，他會不惜運用權力令別人就範；當他心情欠佳，會用侮辱的言語發洩他的怒氣，每個同事都怕他，視他為魔君一樣。

其實漢明的成長是充滿淚水的。在五兄弟姊妹中，他排行最大，父親嗜賭如命，不知多少次，他親眼目睹父親向母親要錢，母親為保兒女生活而堅拒，有時甚至大打出手。父親一次又一次離家遠去，留下的是兇神惡煞的債主上門。漢明恨透父親，但對母親卻是既愛且恨。漢明可憐母親要獨力承擔家計，但另一方面，又怪責她為何讓父親一次又一次欺負他們，何不絕情地把他趕走？漢明暗地裏責怪怯懦的母親，無奈自己既是長子，唯有分擔一家之主的職分。他小小年紀已承擔重任，靠半工讀完成學業。這樣坎坷的成長環境，令漢明的內心欠缺安全感，但外表卻變成十分霸道的人。由於責任重大，他又不懂得怎樣面對，唯有習慣用強硬手段迫別人就範。他太怕事情不如他所控制，若出了亂子便不知怎辦！可惜漢明沒有好好正視自己的歷史傷痕，沒有正視內心那股強烈的焦慮，反而長大後學懂更多伎倆操控別人，令自己成為人見人怕的大魔頭。

強迫傾向的人除了要別人就範外，內心亦懼怕別人的拒絕。面對拒絕是一個令人難堪的過程，他們不會諒解別人拒絕的原因，而是集中思考自己有什麼不好、導致別人拒絕。由於他們內心深處不相信自己是可愛的，因此對別人的拒絕十分敏感，有時為了避免拒絕，索性不採取主動，於是在社交上更形孤立，內心更覺寂寥，再次造成情緒的傷害。

## 五．非理性的傾向

情緒受傷害的人很難說出自己真正的需要，因此有時顯得不理性，別人更認為他們有過分的要求。

> 楚楠與丈夫經過一段痛苦的離異過程，最終塵埃落定，起初她知道丈夫有離異的念頭，曾費盡心思，力挽狂瀾，可惜丈夫的心太硬，沒有給楚楠復和的機會。楚楠傷心欲絕，從今以後決定與一雙兒女相依為命，但她亦深知前夫有見孩子的權利，於是在與前夫傾談子女的探訪安排時，諸多刁難，一會說是孩子的功課問題而拒絕前夫探訪，另一會說是天氣不佳怕孩子着涼，理由林林總總，好像是借故推搪多於與前夫積極尋求解決方案。在細心了解下，才知道楚楠的傷口未癒，想借故刁難，令前夫難堪，要讓他飽受思念兒女之苦，由於說不出真正的原因，起初真的令前夫無所適從，直至楚楠願意面對自己的情感創傷，才不致把傷害轉嫁在兒女身上。

這種非理性的反應，有時來得過分強烈，例如孩子只是沒有預先通知母親放學夜歸，母親便痛罵孩子一頓，原因是孩子的行為勾起母親曾被遺棄的痛苦。對情感受創的人來說，有時發覺自己的情緒反應好像電線短路，一瞬間又快又強烈，連他們自己亦不知道為何一件小事會惹來如此激烈的情緒。其實不是表面的事實令他們有這種反應，而是它所勾起的往事，這些往事可能已被遺忘，但它仍留下一片情緒的陰影，正正是這陰影激發強烈的情緒。

筆者有位朋友，曾分享她一次靜修的經歷。她說有一次到北美一所位於森林地帶的靜修院，周遭都是茂密的叢林。在日間，她還可以用平靜的心境欣賞青翠的叢林，但當黑夜來臨，卻令她聯想起鬼影幢幢，心裏非常害怕。她深知這恐懼是非理性的，但理性不能幫助她放下恐懼。後來經過一段安靜時間，她才明白恐懼的源頭，是童年時獨自在家的經歷，當她知道情緒傷害的源頭，才能釋放自己對叢林的不合理恐懼。

還有，這種不合理的傾向，會使受情緒傷害的人重複那些曾使他們受傷害的行為。比方說，一個曾遭虐打的小孩，長大後有很大機會變成虐打別人的人；又例如，筆者在輔導工作中，會遇見一些遭第三者破壞婚姻的女子，後來變成別人的第三者。未曾治癒的受害者重複曾被傷害的行為，或許是昔日的傷害拆毀了他們原有的世界觀，又或許是一種潛藏的報復心理，令人下意識地作出類似的行為，使歷史重複，悲劇重演。

## 六．憤世嫉俗的傾向

最近在一次電視訪問中，一位警員太太在回答記者提問時，用冷靜的口吻說：「世界根本沒有公道。」這位女士的丈夫在執行公務時被襲，導致半身癱瘓，鏡頭前看見他遇襲後的反應，實在叫人痛心，周遭的人尚且有這種感受，更何況是他身邊的至親，想必有錐心之痛。

遭遇這種不幸的事情，令我們原有的世界觀受了根本的動搖。起初我們還以為世界有公道，有美善，但一些嚴重的情緒創傷，不但令我們痛心、難過，更要命的是它動搖了我們的世界觀，令我們不再相信世間的真、善和美。於是在否定這個世界的基礎上，我們會變得憤世嫉俗、又或以嬉笑怒罵的態度面對世界。

筆者認識有些人因心結長久未解，忿恨世界對他們的不公，最後懷恨而終，對他本人、對周遭的人都留下深刻的遺憾。

有時憤世嫉俗的人會顯得自我中心，他們的內心深處，認為世界對待他們不公道及冷漠；既然如此，他們亦會這樣對待周遭的人，人性慷慨的一面好像在內心一片忿恨的聲音中消失了。

## 小結

人類的天性有求存的本能，當外來的刺激令我們受傷害，我們便會因着求存而衍生自我保護的反應。這些反應源於傷害，令我們對世界產生一種觀感，例如我們曾遭遺棄，便可能認為關係並不可靠；若我們曾遭白眼，便以為人的尊嚴只能建立在財富上；又或者曾被出賣，便處處提防，不再輕易相信別人的動機等。這些傷害，令我們發展出一套對世界的理念；這些理念，加上情感的記憶，便發展出以上種種傾向。故此要處理情緒傷害，可以從檢視自己的世界觀入手，了解我們的世界觀是怎樣發展出來的。當我們認真面對，往往會發現它們是扭曲了的世界觀，不住阻礙我們成長，阻礙我們與別人建立真誠的關係，更阻礙我們認識造物主的真善美。

另外，我們亦可透過對自己個性的認識，更深刻體會自己容易受傷害的地方，從而在那個地方進行治療。

處理情緒是不容忽視的。由於情緒傷害令人太痛苦、吃不消，我們會在情感的層面上，運用種種防禦機制來止住情緒上的「痛」，但這樣亦會妨礙我們接觸最原始、最根本因傷害而來的情緒。透過接觸原本的情緒，反而隨它自然地溜走，不再停留，亦不讓它成為我們心理的塵埃。

除了對傷害的處理外，我們還要從有關事件中增加自我認識，從而對自己有更深的了解，一個願意誠實面對自己的人，才有改變自己的勇氣。

為受傷害的經歷重構意義也是重要的。正如上文所說，受傷的經歷往往令我們建立了一套扭曲的世界觀。為受傷害的經歷重構意義，是讓我們重新發展一套更真、更善、更美的世界觀。

最後是釋放。受傷害的經歷令我們由自我的偏執發展至捨棄自我，成為新造的人，這個過程是怎樣發生的？筆者盼望與讀者一同探索這個奇妙的旅程。

**參考書目：**

1 彭德修（2001），《情緒傷害》。台北：宇宙光。

2 大衛·席蒙得著，王環苓譯（1988），《傷癒》。台北：中國學園傳道會。

# 第 3 章

## 傷痛之源

## 一．被否定的人性需要

為什麼人會產生傷痛的情緒？這裏涉及我們對人性需要的了解。人在世上存活，需要一些東西賴以維持，從最基本的空氣、食物和水，以至心理上的需要如安全感，甚或靈性上的需要都要得到滿足。若這些需要得不到滿足，便會產生一連串的情緒，繼而出現傷痛的感覺，不但如此，這些不被滿足的需要，會以扭曲的姿態在其他領域上出現。

我們必須分辨，「需要」和「慾望」是不同的。人性的「基本需要」，可令我們的生命有整全的發展，無論是身體上的健康、心理上懂得去愛和被愛，靈性上能領悟生命的真諦等等。相反地，「慾望」是一些被扭曲了的人性需要，是一些永遠不能被滿足的空虛，縱使一時滿足了，還想要更多，而且「慾望」會構成我們病態式的依賴。

簡單來説，「需要」可令一個人朝向整全的發展，使人變得更真誠，更善良和更懂得去愛；而「慾望」卻令一個人變得更虛偽、更冷漠和更自私，人性朝向分裂和拆毀的方向發展。不同的理論對人性需要都有不同的理解，比方說，馬斯洛對人性需要有以下理解：

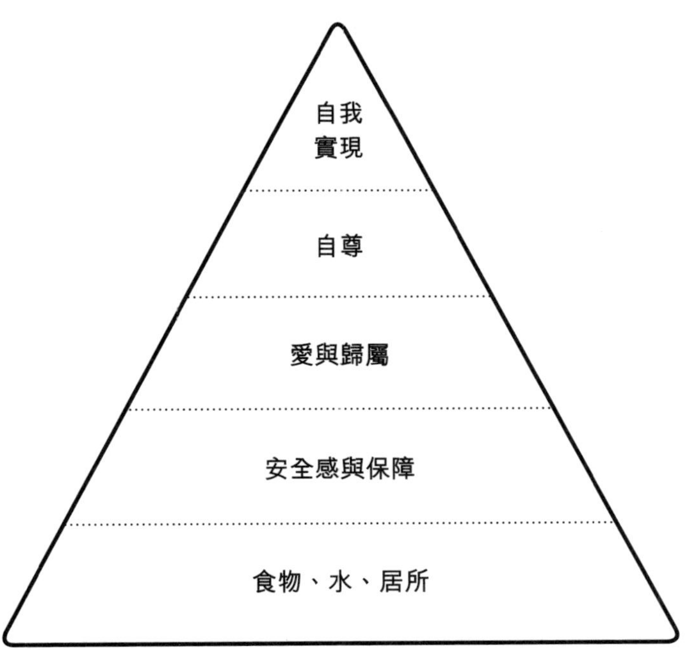

這是一個很好的系統，根據這個系統，我們可以對情緒傷害的源頭有以下的認識：

### 1 安全感

人需要一種安全感，當生命受到保障，沒有威脅，才能夠放心發展自己，否則便會用盡一切方法增加安全感。雖然這是一種「基本需要」，但在種種破落的人際關係裏，這種「需要」經常遭到破壞。比方說，一個小孩經常受到父母情緒猛烈爆發時的苛責和毒打，他會覺得世界是危險的，是不能預測的，甚至覺得是因為自己做錯了什麼而招惹惡待；長大後他會充滿焦慮，對人對己都失去信任。一個沒有安全感的人會變得操控性強、多疑、不住需要別人肯定，不能忍受模糊不清的狀態，因為不肯定的狀態有招致危險的可能。若這種傷害得不到醫治，當事人會不住重複這種被傷害的經驗。

秀蘭由於沒有安全感，內心經常惶恐，對文夫的一言一行都不放過。有時丈夫只是需要一些個人空間，但秀蘭仍按捺不住，在不被完全知會的情況下，自覺受着煎熬，對丈夫必查問個清清楚楚，終於造成惡性循環，丈夫為保私隱，不告知秀蘭的事情愈來愈多，秀蘭亦愈加焦慮，最後丈夫終於忍受不了，決定與秀蘭分開，結果令秀蘭再一次證實生命是不穩定的，沒有什麼保障。未經醫治的情緒，再一次使秀蘭陷入這種被傷害的深淵。

## 2 愛與歸屬

人不能孤獨地存在，在需要空間的同時，我們亦需要與人建立愛與被愛的關係。失去這種人際關係，我們會陷入孤單的狀態。對很多人來說，情緒上最大的傷痛莫過於不再被愛，被所愛的人遺棄。

這種傷痛令人產生難以言喻的渴求和空虛，很想很想去填補它，結果尋尋覓覓，一次又一次墮進黑暗的深淵。

自從綺媚與男友分手後，經歷了一段很長時間的傷痛。綺媚曾對男友產生很深的情感依附，當男友提出分手，簡直令她悲痛欲絕，她多次勉勵自己重新振作做人，為了讓自己康復過來，她積極參加很多工餘活動，而且不惜代價，動用多年積蓄到外國讀書，希望藉此重新做人。然而時間一年又一年的過去，綺媚的內心還有一種說不出的傷痛，當眼見別人一雙一對出入時，更加悲從中來，又妒忌又難過。綺媚感到內心有個極深的「黑洞」，好像不能透過做些什麼來填補，最後她按捺不住孤單寂寥，透過網絡認識不同的男性，可惜沒有一個是認真的，大部分都只着眼她的身體。綺媚明知被玩弄，但又不能制止自己，因為她太需要情感的慰藉。不過，當一個又一個男友離開自己時，她那被遺棄的傷痛便更難痊癒。

### 3 自尊

我們生而為人的價值是需要被尊重的，透過無條件的接納，不論我們富有貧窮、聰明愚昧，都可獲肯定和尊重。然而在扭曲的社會裏，人的價值被衡量，嚴重地被條件化，只有那些能力高、有地位、有金錢的人才被接納，若達不到某些標準，別人便會報以看不起的目光，令我們的尊嚴受到傷害，出現羞愧的情緒。羞愧是用來遮蔽受傷的尊嚴，[1] 為了嘗試減低這種羞愧感，很多人便不斷追逐名利，但這卻未能醫治受傷的尊嚴，更甚者是，無止境的名利追逐，令人更加無法接觸受傷害的根源。

志峰自小家貧，處處遭人白眼，媽媽經常教導志峰要勤力讀書，將來出人頭地，便可以吐氣揚眉；志峰受到媽媽鼓勵，由小到大，學業成績都十分優異，會考時更成為「小狀元」，隨後考進一所著名大學。畢業後，順理成章成為一位出色的專業人士，志峰覺得自己終於可以一雪前恥，從此不再有人看扁他。可惜志峰的心已被蒙蔽，看不見自己已成為名利的奴隸；而且他不能接受別人對他的批評，認為批評就等同看不起他。他不斷要尋求更高的社會地位，享受那種被仰慕的感覺，結果周遭真誠的朋友愈來愈少，圍繞他的只是唯唯諾諾、只懂奉承的人。若不是一次專業上的出錯，差點弄致身敗名裂，他也未發覺自己是這樣孤單，這樣陶醉在名利上的追逐；由於這次教訓，令他不再把自己藏於名利的背後，有機會正視曾屢遭傷害的自我。

## 4 自我實現

除了基本的需要外，人還要實現自我，把自己的潛能發揮、造就別人、貢獻社會，沒有這方面的空間，便會有「意義失落」的感覺，甚至否定自我的價值。這種情緒傷害令人覺得自己一無是處，認為自己在世上存在是多餘的。

筆者見過很多上一代的婦女，她們的貢獻往往嚴重地被否定，於是產生很多冤枉、委屈的感受，由於沒有正視這方面的傷害，結果她們在很多微小的事情上小題大做，在人際關係中造成很多煩惱。

徐老太是一個十分傳統的女子，一生都為兒女付上很多心血和代價。雖然有幾個女兒都很孝順，但由於她的思想傳統，寧可與獨子同住。自從兒子結婚後，徐老太心中總不是味兒，因為媳婦是個事業型女性，不太懂得尊重家姑；更難過的是她覺得媳婦視她如傭人，有時辛辛苦苦煮好一頓飯讓他們享用，媳婦竟毫不客氣地批評她的廚藝，甚至寧可要工人準備膳食，表面上好像是不想讓她辛苦，但徐老太心中是明白因由的。她覺得在兒子家中沒有地位，所以情緒甚受困擾，結果在很多小事上與媳婦起衝突，她又不想兒子難做，只好啞忍，最後被診斷患上抑鬱病。有誰知曉在徐老太抑鬱病的背後，是一種價值被否定、貢獻被否定的傷害？

除了以上提及的心理需要外，我們也需要屬靈層面的追求，這些追求，讓我們知道世界真的存在真、善、美，有公義，有慈愛。

## 5 屬靈的需要

若然世上沒有一位全然公義和慈愛的上帝，我們便沒有理由要去發展利他精神，因為這是愚蠢的；也因此造成人人自我中心，只為自己。

其中一種屬靈層次的傷害，是一些永恆的價值被否定，例如公義被踐踏，這會令我們變得憤世嫉俗。另一種屬靈層次的需要，就是有一個可以令我們順服的對象，若這方面的需要被否定，我們便活像浮萍，覺得做什麼也失去意義。

我在英國讀書的時候，偶爾碰上一些「今天有酒今天醉」的人，覺得他們是在屬靈層面上受了傷害。雖然英國在名義上是基督教國家，但很多英國人已不再相信基督，他們倒喜歡東方的靜坐、禪修；他們的人生，好像沒有未來，充滿落寞，只重視活在今天。其實他們不愁衣食，甚至有機會周遊列國，見識甚廣，但這一切似乎都不能滿足他們的心靈。他們沒有可委身的長久關係，縱使有伴侶，也不願結婚，因為怕隨時鬧離婚，況且男女雙方都好像不太介意各自尋歡，究竟他們在尋找什麼？[2] 即使他們並不承認，但在其內心深處，他們覺得世界是荒謬的：無辜者飽受不合理折磨、戰爭屠殺，無數家園盡毀。他們很難相信在這荒誕的世界，有一位全善全美的上帝；他們不住耳濡目染這一切的荒謬，找不到人生意義，結果他們的靈魂迷失了。換句話說，他們的屬靈層面受了傷。

## 二．傷上加傷

當人的基本需要得不到滿足，遭人傷害，當然會經歷疼痛之苦，產生一連串的負面情緒，例如傷心、失望、沮喪、失落等，這些情緒需要表達、分享和被認同，亦需要時間去消化和接受，但不是每個人都能得到這些分享和被認同的空間，周遭的人或許缺乏耐性、或許不明白情緒上的需要，於是予以否定、判斷或拒絕，結果造成另一層次的傷害。

詠賢便經歷這種傷痛。當丈夫離開她的一刻，她已經不想再生存下去，但她明白輕生的念頭是不對的，於是到處找朋友傾訴，以紓解內心的疼痛。起初朋友都願意聆聽，但當她提到輕生的念頭時，朋友便加以譴責。其實詠賢也為這個念頭感到內疚，但當朋友義正詞嚴地責備她時，她更覺得自己沒用。原本詠賢想透過向朋友表達輕生的想法，以消除這種念頭。當她說想輕生時，是想分享那種被遺棄的疼痛，她不是真的會這樣行；朋友不明白詠賢的矛盾，當聽見她這樣想時，情急中予以責難，然而這些譴責彷彿在詠賢的「傷口」上灑下一把鹽，因為她感到被他們否定和拒絕。詠賢說不出這種傷害，她似乎沒有理由怪責朋友，只覺得與朋友之間已產生一種距離，甚至恐懼。此後，她在朋友面前，下意識選擇一些肯定不會被譴責的事情分享，但這種分享，總是有所保留。久而久之，她有點像向朋友交代，埋在心底的傷口愈埋愈深，結果數年過去了，詠賢依然鬱鬱寡歡，悶悶不樂，朋友開始失去耐性，有時亦會暗示詠賢不懂自愛，為何還不振作起來！詠賢再一次因被判斷而受傷害，自此以後她更加收藏自己，內心的傷口一層疊上一層，她實在沒有辦法，最終患上抑鬱病，需依靠藥物應付日常生活。

詠賢的例子是很普遍的，大多數人對情緒傷害認識不多，由於自己或周遭的朋友不懂面對而造成另一層次的傷害，結果傷上加傷，造成千絲萬縷的情緒傷害。

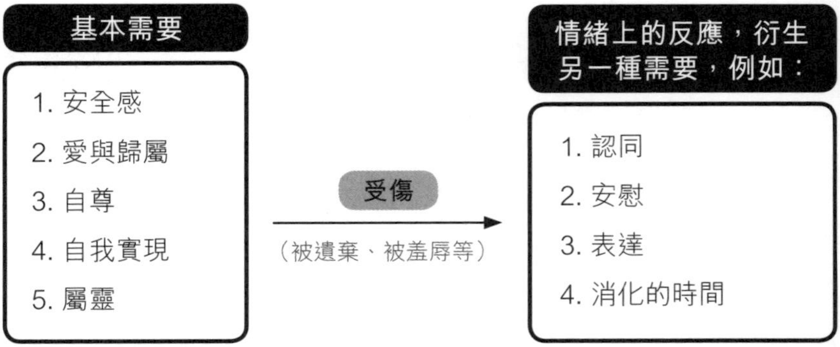

**基本需要**

1. 安全感
2. 愛與歸屬
3. 自尊
4. 自我實現
5. 屬靈

**受傷** →
（被遺棄、被羞辱等）

**情緒上的反應，衍生另一種需要，例如：**

1. 認同
2. 安慰
3. 表達
4. 消化的時間

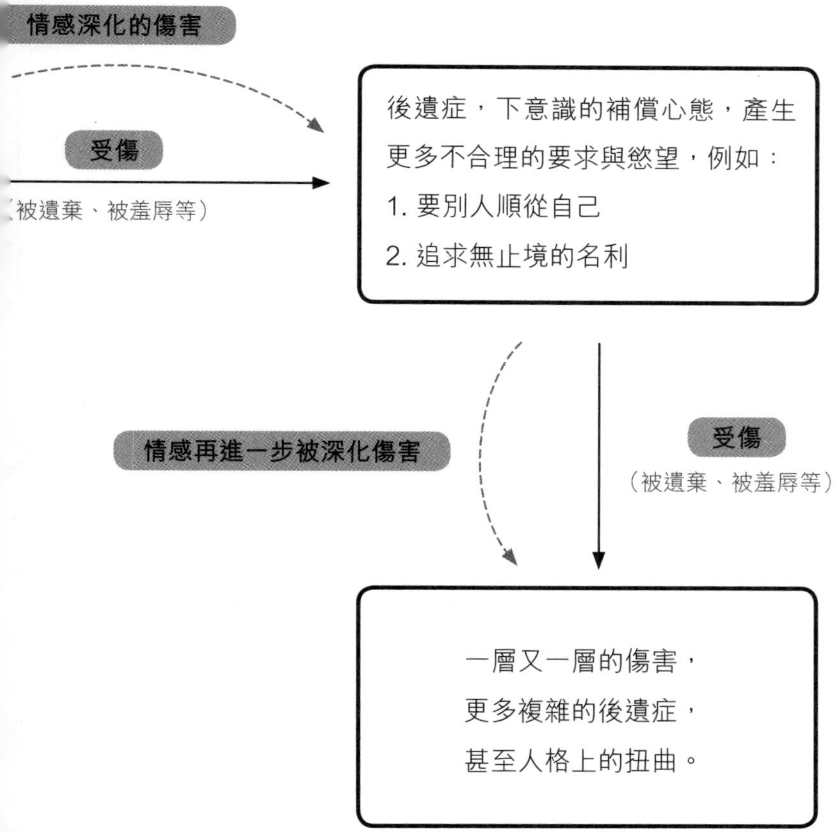

情感深化的傷害

受傷

（被遺棄、被羞辱等）

後遺症，下意識的補償心態，產生更多不合理的要求與慾望，例如：

1. 要別人順從自己
2. 追求無止境的名利

情感再進一步被深化傷害

受傷

（被遺棄、被羞辱等）

一層又一層的傷害，
更多複雜的後遺症，
甚至人格上的扭曲。

## 三．尋找傷痛之源

面對情緒傷痛，我們首先要為傷害的地方命名。換句話説，我們要清楚受了傷害的是什麼地方。例如我們經歷離異的痛苦，受傷的地方可能包括：

1. 被遺棄

2. 自尊遭拆毀

3. 對方沒有履行承諾，令你失去對人的信任

4. 失去了安全感

5. 遭受不公平待遇

一般來説，環繞這些傷痛，都有很多複雜的情緒，這些情緒會在下一章討論，但為傷害命名，便知道什麼是對自己最重要，甚至明白自己心底處執著和追求的東西。

很多時候，我們發現某些傷害是不斷在人生中重複，例如被遺棄的痛苦，似乎不是今天經歷後才獨有的，它會勾起我們過往成長中的傷痕；可能是昔日父母的對待，也可能是從前某些關係遺留下來的陰影。

追溯這些歷史的片段，可幫助我們明白內心深處的感受，一些久違但仍未消散的感受。很多過往的情緒傷害，其實沒有治療，我們只不過將它埋在心底，但它會構成我們做人處世和應付問題的方法，我們會下意識作出「補償」，結果造成再一次的情緒創傷。

竹君自小生活在父母的吵鬧聲中，她根本不想理會成年人的困擾，但母親總把她當作閨中密友，在她面前不住數算父親的不是。後來父親真的在外邊認識了另一個女人，自此母親更加悲痛，竹君看見母親那種被遺棄的哀痛，好像已對男性失去信心。長大後，竹君結識了今日的丈夫，由於內心深處認為男人是不可靠的，她對丈夫產生諸般懷疑和不信任，最後丈夫重蹈覆轍，在外認識了另一個女孩。竹君沒想到自己會走上母親的舊路，悲痛之餘，她開始正視自己痛苦的源頭。

首先她為自己的痛苦命名：

1. 被出賣了，失去信任

2. 被遺棄

跟着她從這些傷痛中，檢視整段婚姻亮起紅燈的過程：

丈夫需要私人空間，不擅表達自己 ⇨ 竹君對他沒有信心，怕他像父親般出賣自己 ⇨ 丈夫覺得羞辱，但又沒法表達，有時會向竹君發怒，有時又會安慰竹君，希望給她安全感 ⇨ 竹君不明白丈夫的心路歷程，而自己也不能清楚表達自己的情緒狀況，結果經常懷疑丈夫的動機 ⇨ 夫婦衝突加劇 ⇨ 剛遇上丈夫失意於工作，很想找人傾訴，結果不經意發生一段婚外情 ⇨ 竹君再一次證實男人是不可靠的，對丈夫更多懷疑和不信任 ⇨ 丈夫本身的成長陰影，亦深化了他因不被信任而衍生的羞辱感，對竹君的追問更反感，連原本因婚外情而帶來的罪疚也被憤怒掩蓋 ⇨ 竹君覺得丈夫毫無悔意，對男性的不信任倍增。

從以上的反省中，竹君開始認識昔日某些在親密關係中的「信念」：

1. 男人是不可靠的。
2. 若不清楚就一定要問個「明明白白」，這個「明白」的需要遠遠蓋過尊重對方空間的需要。
3. 若對方不肯表達，表示他有事隱瞞，背後必定有想傷害自己的動機，所以要保護自己。
4. 對方安慰自己，只不過想平息自己的怒氣，卻沒有誠意為自己着想的。

竹君再次檢視以上的信念，才發覺父母婚姻的失敗，在她心底留下遺憾。當爸爸發生婚外情，竹君也悲痛欲絕，她不明白發生了什麼事情，但當時為要顧及媽媽的反應，又沒有成年人留意竹君的狀況，結果這道深刻的傷痕長埋心底，直至自己的婚姻出現問題時，才有機會正視它。

竹君經歷婚姻出現問題的傷痛。當她發現這道歷史傷痕時，她才明白為什麼會發展出以上種種對親密關係的「信念」。雖然她面對丈夫仍十分傷痛，但某些心結得以解開，一瞬間，她好像明白了昔日丈夫不能表達的困擾，面對丈夫，她能夠給予更多的聆聽空間。

丈夫知道後，亦放下了與竹君對壘的「盔甲」，其實他自知婚外情是不該的，再加上第三者也十分內疚，雙方決定分手。丈夫重回竹君身邊，向她真誠道歉，夫婦開始進入重建關係的歷程。

昔日未痊癒的傷口，從另一個含意來說，是我們還未建立一套有效應付傷害的方法，重重情緒傷害令我們活在焦慮、恐懼、憤怒等情緒中，以偏差的角度認識這個世界，結果產生一套「有問題」的應付模式，阻礙我們的成長，亦阻礙我們以開放的心靈認識周遭的世界，最後這種偏差的認識和信念令悲劇再次出現，因為我們的焦點會特別放在那些偏差的信息上，下意識重複過去的悲劇。比方説，一個曾被出賣的人，會特別留意別人有沒有欺騙自己的地方，其實在普通的人際關係裏，或許亦有説謊的時候，但對一個沒有這種陰影的人來説，既使碰上別人偶有説謊也不以為然，相反，他會多數集中在對方真誠的時候。但對一個曾被出賣的人，只要對方説一個小小的謊言，亦會大做文章，形成「對方是不可信」的「信念」；在這個「信念」下，就會讓他發現更多「對方是不可信」的證據，為了撫平心中的焦慮，便不斷追查，侵犯別人的空間，造成對方進一步疏離，對自己更多隱瞞，結果很可能再一次經歷被出賣的傷痛。當那個被出賣的傷口縫合後，他能以更開放的心靈認識周遭的人，面對偶爾的謊言，他應知道不是對方有出賣自己的意圖，而是對方太恐懼，不知怎樣表達真相，由於這個嶄新的理解，他放下追問、尋根究底的自我保護式反應，反之能以關懷的口吻，向對方表達諒解，又或者讓對方有個躲避的空間，讓對方有安全感。換言之，醫治昔日的情緒傷害，不但在情緒和信念上有所改變，甚至連應對類似的行為，也要有一套更能對應現實而有效的應付模式。

## 小結

從人性基本需要的角度，去了解情緒傷害，意味着情緒傷害是人生無可避免的事實，因為我們始終不是活在一個完美的世界，在人際互動過程中所衍生的情緒傷害是難以避免的；不論由成長而來的歷史傷痕，或因夫妻、朋友的行為而造成的結果，甚或因社會文化制度對人性扭曲而來的傷害，都只不過是表達一種人生的本相。要了解情緒傷害的源頭，不是要追究責任，而是要找出那些死穴的因由，為什麼我們不知就裏的盲目追名逐利？為什麼我們對別人一句無心取笑的説話也會猛烈反擊？當我們開始意識這些反應，知道這些死穴已令我們的成長停滯不前，亦令我們的人際關係弄得一團糟，這便是追溯傷害源頭的時候。要追溯源頭不是為自己的行為找藉口，企圖令周遭的人體諒自己的行為，而是解開這些死穴的疑團，在恩典中認識自己的本相，亦從中把那些死穴放回它原本應有的位置，有些應對模式是屬於過去的，今天我們要以開放的心靈去面對當下的一切，我們將可體會這個世界比我們從前所認識的更善更美，我們更能感激造物主一切豐厚的供應。

**參考書目：**

1 Mitchell, J. & Morse, J.（1998）. *From Victims to Survivors: Reclaimed voices of women sexually abused in childhood by females*. Washington DC: Accelerated Development. p.199.

2 有更多的例子載於 Lyall, D.（2001）. *Integrity of Pastoral Care. London: Society for Promoting Christian Knowledge*. pp.117-120.

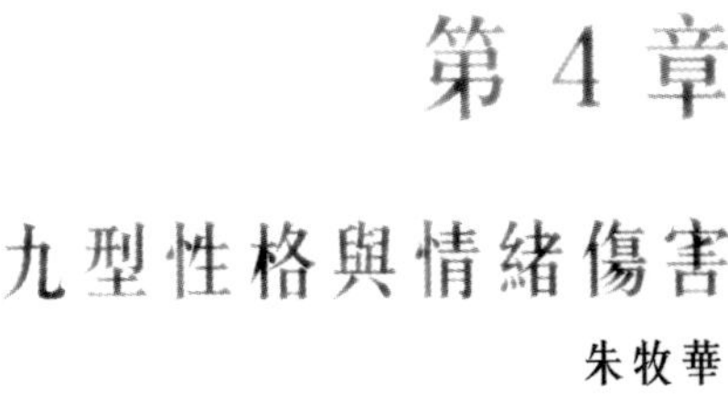

# 第 4 章

## 九型性格與情緒傷害

朱牧華

上章提及情緒傷害是源於人性的需要被否定，但有時卻純粹由自己引發的。一般人都以為情感創傷的唯一起因，是別人對自己做了一些傷害的事情，我們常為自己的創傷而埋怨別人，也不相信有能力解決這些由外來引起的傷害。然而，情感創傷也與自己的心理狀態及對世界的期望有關，有時甚至沒有別人對自己的傷害，仍然會有情感創傷的經驗。

志明在忙碌的工作及整天無故被上司針對後回家，他一心想找太太美蘭外出吃飯，希望能爭取時間放鬆自己，也減輕美蘭要做飯的壓力。故此，志明回家的第一件事，就跟美蘭說與她外出吃飯。美蘭一如以往地跟志明開玩笑，笑說志明外出吃飯，會令家庭財政出現困難。美蘭不是第一次這樣跟志明開玩笑，以往志明都會跟美蘭互相嘲笑，但今天志明卻感到憤怒及不被尊重，於是直斥美蘭的不是，並感到受了傷害。

由以上例子可見，我們常常假設別人意圖傷害我們並作出反應，但是創傷的主觀經驗，不一定由「別人意圖傷害自己」這動機引起的。美蘭沒有意圖傷害志明，但志明在工作中已經心情不佳，加上覺得美蘭不欣賞他的心意，內心的期望落空了，故感到受傷害。基督徒心理學家貝內爾（David G. Benner）在他的著作 *Healing Emotional Wounds* 中表示，創傷經驗有時會來自別人對我們真實的傷害，但是我們也可以因着別人達不到自己內心的期望或信任，而感到情感受創。這些期望可能是從我們的性格及家庭成長背景而來，可能是已知或是隱藏的。由此可知，就算別人沒有對我們作出真實的傷害，我們也有可能感到受傷。

勤輝與潔玲結婚四年，隨着彼此間愈來愈多的衝突及矛盾，他們決定尋找婚姻輔導。在第一次與輔導員的面談中，雙方都帶着一連串對對方的投訴。投訴的背後是憤怒，而憤怒的背後是傷害，因為兩人都覺得自己受到不公平的對待，對別人的期望及信任遭到破壞。潔玲心底裏相信若勤輝愛她，便應知道及滿足她心底所渴望的。當勤輝猜不中她心裏想要的是什麼，潔玲就覺得勤輝愛她不夠深。另一方面，勤輝相信潔玲會好好打理家務及自己的事務，並因應其繁忙的工作，在回家後對自己千依百順。勤輝同樣因潔玲沒有做到該角色而感到受傷害。

勤輝及潔玲沒有察覺自己對對方的期望。然而，這些期望卻對他們的行為產生深遠的影響。他們以為對方已經知道有關期望並覺得對方沒有信守承諾，並主導大家的反應。相反來說，若我們能夠多些察覺自己的期望，一方面可以清楚地與對方溝通，同時，也可以對這些期望作出調整及選擇。

「九型性格學」是近年非常流行的性格分析學問，經常被應用於認識自己及別人的特性，並促進和諧的人際關係、心理及靈性上的成長。九型性格理論指出，每種不同的性格都對自己及別人有不同的期望，是我們已知或未知的。有時在壓力或焦慮之下，我們對自己應該作什麼或別人應該怎樣回應我們便變得牢不可破，當我們感到別人並不依從我們心中的觀點與角度來對待自己時，被別人傷害的感覺便會產生。

當我們愈堅持別人要按自己的觀點對待自己時，我們愈容易感到受傷害。我們必能發現自己原來多麼渴望別人以某種方式對待自己。可是，不同的人有不同的性格，有不同的待人處事方式，我們卻以為別人是為了針對自己而作出舉動，誤會及傷害因此而生。有時別人的態度及舉動真的具有傷害性，我們感到傷害是必然的；然而，有時別人沒有什麼意圖傷害自己，我們卻因執著於自己對別人的期望，以致誤會別人不能體諒自己，甚至攻擊自己而錯怪別人，看不見自己也有責任。

「九型性格學」告訴我們，最少有九種對自己及別人慣性的期望，若我們能多觀察自己及別人，便會發現人總會有某種傾向的習慣，彼此不同便理所當然了。同時，我們誤會其他人的意圖也可減少，並懂得按處境修正期望，受到情感傷害的機會自然減低。另一方面，「九型性格學」亦可幫助我們從情感創傷中獲得釋放。當然，「九型性格學」不是處理情感創傷的唯一方法，但「九型性格學」提供了一種清晰及深入的角度，讓我們透徹探索自己的心靈世界，並能減低誤會、分辨傷害的由來及指出如何在傷痛中獲得釋放。讓我們首先看看不同性格的基本特徵。

## 一．九型性格的基本特徵

### 第一型：改革型（Reformer）

改革型的人凡事要求正確。他們做事依從原則，並認為生命充滿着使命。他們對自己亦充滿着要求，時常約束自己，以致不會做出過分的回應，是一個完美主義者。改革者的優點在於對生命充滿使命感，非常盡責，擁有高尚的誠信、智慧及判斷力。缺點是過分批判，內心充滿對人對己的憤怒和失望。在與人相處中，常擔當「老師」的角色，並感到自己需要承擔解決問題的責任。

「我經常都是對的，若其他人多聽我的忠告，這個世界會變得更美好。」

### 第二型：助人型（Helper）

助人型的人對別人事事關心。他們做事慷慨大方，令人感到非常愉快。他們的佔有慾強，有時透過操縱獲取別人對自己的注意。助人者的優點是對人富有同情心，容易與別人建立關係及為他人着想，成為真正無私、謙卑及樂於助人的人。缺點是容易忽略自己的需要，常討好及過分干擾別人的生活。在與人相處中，常擔當「特別親密朋友」的角色，並感到自己需要討好別人，才能使別人對待自己好些。

「雖然別人對自己的愛及關心不及我所付出給他們的，但我仍會無悔地付出愛及關心。」

**第三型：成就型（Achiever）**

成就型的人適應能力強。他們做事有效率，充滿自信及野心。他們有很強的推動力去達到所定的目標，常常保持忙碌及活躍，也看重自己的表現及形象。成就者的優點是其工作效率十分高，重視成功及卓越，並甘願為此自我進修及發展。缺點是常以工作的成就界定自己的價值，容易成為工作狂，不着重情感及愛表現自己。在與人相處中，常擔當「榜樣」的角色，並感到自己的價值是建立在成功之上。

「我比其他人卓越，他們都要妒忌我的成就。」

## 第四型：自我型（Individualist）

自我型的人擁有很強的創意與直覺。他們常善於流露情感，亦留心自己的感覺，但有時會迷失於虛幻的感覺中。他們常有強烈的悲傷與渴望，覺得自己與別不同，別人並不了解自己。自我者的優點是十分了解自己的感覺，擁有靈感、創意及美感。缺點是情緒波動較大，容易妒忌別人，常感到真實的自己與理想中的自己是有差異的。在與人相處中，常擔當「非常特別的一位」的角色，並常以幻想來加強自己的感覺。

「我是與別不同的，其他人是不會明白我的。」

## 第五型：研究型（Investigator）

研究型的人擁有很強的理解力，對事物的理解十分仔細。由於他們對事情查根究底，故他們往往可以創造出一個新的角度。他們通常深藏不露，不喜歡溝通，也不喜歡別人騷擾他們，所以較為孤立。他們也常以超然的立場觀察世界，徹底了解每一件事情。研究者的優點是客觀及對事物有深入的了解，有強烈的好奇心及愛好學習。缺點是抽離及逃避與其他人接觸，只專注於自己的思想。在與人相處中，常擔任「專家」的角色，並從現實中抽離，集中經營自己的思想世界。

「我十分聰明，以致無人能明白及欣賞我所了解及發現的。」

**第六型：忠誠型（Loyalist）**

忠誠型的人常為將來作出準備。他們喜歡從其他人身上，找出共通點及與人建立緊密的團隊關係。他們十分盡責，但有時卻變得焦慮及疑心重重。忠誠者的優點是非常盡責及可靠，而且思慮周密，容易察覺危機。缺點是充滿焦慮及不安，常想着負面的事情發生。在與人相處中，常擔任「忠實夥伴」的角色，並嘗試向外找尋一個肯定的答案及指引。

「我是可被依賴的，就算不願意，我也一定完成我應該要完成的任務。」

## 第七型：熱衷嘗試型（Enthusiast）

熱衷嘗試型的人常即興地做事。他們愛好自由和轉變，不喜歡被限制，注意力亦容易分散，故有時做事不能貫徹始終。他們也會盡情體驗，享受人生，讓生命充滿活力。熱衷嘗試者的優點是充滿活力及好奇心，幽默風趣及擁有多種才藝。缺點是容易分心，過度活躍及害怕得不到自己的需要。在與人相處中，常擔任「啦啦隊」之角色，並相信外間還有更好而未能接觸的人和事。

「我現時十分開心，若我能得着所有我想遇到的事情或經驗，我會比現時開心百倍。」

## 第八型：挑戰型（Challenger）

挑戰型的人充滿來得自然的自信。他們非常決斷，而且他們不害怕表達權力及挑戰別人。他們也支配其掌控範圍內的人與事，直接採取行動，喜歡競爭及接受挑戰。挑戰者的優點是願意作主，決斷及充滿使命及遠象。缺點是給予別人很大壓力，過分支配及控制，也不願意承認自己的過失。在與人相處中，常擔任「權威」的角色及常掙扎要獨力依靠自己。

「我現在為了生存而戰鬥，若我容許的話，那麼別人便會嘗試在我身上獲取利益。」

**第九型：調解型（Peacemaker）**

調解型的人對人及事都充滿包容及接納，也樂於肯定別人及容易感到滿足。但是他們害怕與人發生衝突。雖然他們容易投入對方的角度思考，卻時常忘了自己的角度及立場。調解者的優點是經常保持穩定、樂觀、開心、真誠及耐性。缺點是堅持別人的福祉而忽略自己。同時也較為被動及疏懶。在與人相處中，常擔任「安慰者」的角色並跟隨其他人的意見而行。

「雖然身邊的人常給我壓力去改變，我卻對現時的生活感到滿足。」

## 二.九型性格的發展層次

在九型性格的理論中，每個人的成長都會形成一種慣性去待人處事，而這種慣性是由於我們的恐懼及渴望互動中產生。「九型性格學」大師 Don Riso 和 Russ Hudson 更以此為九型性格發展出一種縱向層次的理論，指出每種性格都有九種層次，一至三層屬於健康範圍、四至六層屬於一般範圍，七至九層屬於不健康範圍。每一種層次及範圍，代表待人處事的開放程度。

在**健康範圍**裏，人能夠善用自己性格上的優點，靈活變通並對其他不同的待人處事方式，抱着開放的態度。

在**一般的範圍**裏，人開始覺得需要維持某種自我形象，才能生活，故他們會渴望自己以某種性格待人處事，亦希望別人以他們心想的形象對待他們，甚至有時想操縱自己及別人的反應以肯定自己。

而在**不健康的範圍**裏，人開始失去對恐懼及焦慮的控制，對人對事的反應亦變得強迫性及不受控制。為了克服內心的恐懼，他們強迫自己或別人以他們心中所渴望的形象出現，結果他們脫離了現實，亦令其他人疏遠自己，自己最恐懼的事情卻漸漸成了現實。

從下頁的表格當中，你會發現每一種性格的人，在不同發展層次中的性格取向：

| 性格型號 | 發展層次 | 性格取向 |
|---|---|---|
| **改革型** | 健康範圍 | 自然地流露出正直與誠信。 |
| | 一般範圍 | 渴望別人看自己是一個正直及完美的人，並以此作出肯定。 |
| | 不健康範圍 | 沉迷於指出別人的不完美及錯誤，強迫別人看自己是一個正直及完美的人。 |
| **助人型** | 健康範圍 | 自然地流露出對別人無私的愛護。 |
| | 一般範圍 | 渴望別人欣賞自己為他們所作的犧牲，並以愛回報自己。 |
| | 不健康範圍 | 透過指出別人的需要，強迫他們接受幫助，並以愛來回應自己。 |
| **成就型** | 健康範圍 | 即使沒有工作，仍能感到自己的身分及價值。 |
| | 一般範圍 | 渴望以工作的成就，界定自身的身分及價值。 |
| | 不健康範圍 | 會惡意踐踏別人及透過指出別人的失敗，強迫別人看到自己的成功。 |
| **自我型** | 健康範圍 | 自然地流露其獨特一面。 |
| | 一般範圍 | 刻意以獨特的形象及反應出現，令其他人捉摸不定。 |
| | 不健康範圍 | 埋怨別人，並疏遠任何願意幫忙的人，與世隔絕。 |

| | | |
|---|---|---|
| **研究型** | 健康範圍 | 自然地以智慧參與現實的生活。 |
| | 一般範圍 | 為了逃避現實危險的世界，退到自己的思想世界中，成為抽離現實的智者。 |
| | 不健康範圍 | 與現實脱離，極度不安及沉迷於自己的思想世界，排斥與別人的聯繫。 |
| **忠誠型** | 健康範圍 | 能在平靜的內心裏，找到真智慧及依靠。 |
| | 一般範圍 | 透過投訴及測試別人對自己的忠誠，去肯定別人對自己的忠誠。 |
| | 不健康範圍 | 過分懷疑自己，感覺自己受迫害，容易遷怒於人，常有非理性的表現。 |
| **熱衷嘗試型** | 健康範圍 | 自然地感到開心愉快。 |
| | 一般範圍 | 渴望別人能與自己一同享受樂趣、刺激及滿足自己的期望。 |
| | 不健康範圍 | 為了平息心中的焦慮，因而沉迷和放縱自己，令人反感和煩躁。 |
| **挑戰型** | 健康範圍 | 自然地流露出對自己的自信及獨立。 |
| | 一般範圍 | 渴望別人跟從自己的要求及決定。 |
| | 不健康範圍 | 令別人感到受威脅及控制，強迫他們需要自己保護。 |
| **調解型** | 健康範圍 | 自然地流露出內心的平靜及和諧。 |
| | 一般範圍 | 透過抽離，避免別人影響自己的平靜及和諧。 |
| | 不健康範圍 | 對任何影響自己的事都不想知道，抽離至不能運作。 |

Don Riso 及 Russ Hudson 研究這縱向的發展層次理論時，是希望解釋為何人在不同的處境作出不同的行為及態度，以致更能識別不同的性格型號。發展層次理論亦提供一個方法去觀察及量度我們開放的程度，使我們了解自己性格成長的程度。同時，亦能解釋人為什麼在不同的處境中有不同的反應。當進入愈低（不健康範圍）的發展層次，我們便會愈需要印證自己是某一種人，對身邊的事物開放與接納會降低。

若套用以上的性格理論，放在情感創傷的問題，亦能啟發我們對情感創傷的認識，並提供了一個具體的工具讓我們自我觀察。正如上文所說，若我們對自己及別人的期望都是情感創傷的來源，我們在哪一個性格發展層次，便會影響我們容易受傷害及從中獲得釋放的程度。當我們了解在不同的性格發展層次中，我們如何固執地渴望自己是何等樣的人，及別人應如何對待自己時，也能了解自己容易受傷害的地方。

**第一型性格（改革者）**在內心恐懼的帶動下，**害怕自己是邪惡、腐敗及帶有缺陷，故此他們渴望能擁有誠信。**在進入一般的發展層次時，他們不單努力以態度及行動去證明自己是一個理性、合理及客觀的人，更需要別人認同他們，並以此與他們交往。所以，第一型性格的人容易在別人批評、質疑自己或自己發揮不出心中理想時受到傷害，有時亦因自己一時不小心的情緒失控而極度內疚。

尚明的媽媽是屬於改革型的性格，她對家中不同的事情都作出批評，亦常要求尚明按她的意思作決定，因她相信自己所提出的是最好的辦法。可是，尚明常感到壓力，有時向媽媽表達自己的感受時，她已覺得自己在批評她，故感到十分憤怒及哀傷。

**第二型性格（助人者）**在內心恐懼的帶動下，**害怕自己不能得到別人的愛與關心，故此他們透過付出而渴望別人以愛回應。**在進入一般的發展層次時，他們不斷付出自己的愛心去獲取別人的愛。他們需要從別人的回應中肯定自己的價值。若他們付出時別人不給予讚賞，或提出要求時別人不給予回應，他們便容易受到傷害，並感到別人不了解自己付出的愛有多大。

小敏是屬於助人型的性格，她對生活常保持一種樂觀積極的態度，也樂於幫助別人，特別是對詠恩這個好朋友。有一天，她發覺詠恩沒有回覆她的來電，心裏非常焦急，當她知道詠恩原來和另一個同學外出看電影時，心裏十分憤怒，因為小敏覺得自己為詠恩付出很多，她卻不重視自己，甚至與其他人親近。

**第三型性格（成就者）**在內心恐懼的帶動下，**害怕自己是一個沒有價值的人，故此他們努力地爭取成就，以成功來肯定自己的價值。**在進入一般的發展層次時，他們更需要在別人面前建立成功及卓越的形象；不欲別人看到自己的軟弱。若別人以任何原因阻礙他們成功、或被別人勝過、或被當眾展示他們的弱點，他們便感到羞愧。

志華是屬於成就型的性格，他在別人面前，總要成為表現最佳的一位，故此他非常勤力地讀書，成績亦非常突出，獲得很多老師的稱讚。但當他發覺另一位同學成績比他好，及一些同學在談論他的壞話時，便常與人比較，甚至輕視別人而抬舉自己，埋怨別人不夠他出色，卻獲得比他好的成績。

**第四型性格（自我者）**在內心恐懼的帶動下，**害怕自己失去了個人的獨特性，故此他們會以自己獨特的感覺及眼光去看人和事，並嘗試尋找與別不同之處。**在進入一般的發展層次時，他們更要刻意營造與別不同的一面，也會對別人如何看待自己感到十分敏感。若其他人輕視及拒絕他們、或是表現得不夠坦誠，他們便容易感到傷害。

子聰常常投訴別人對自己有很多誤解，心裏常感到被人排斥及針對。他很需要別人聆聽自己的感覺，並常常問及為什麼別人不體諒他的感受。當朋友嘗試以客觀的事實，表達沒有人針對他的時候，又或是告訴他有關別人對他不滿意的地方，他就感到很大的傷害。

**第五型性格（研究者）**在內心恐懼的帶動下，**害怕自己沒有能力去解決身邊的問題，故此他們將自己抽離於現實生活中，以專家及超然的立場觀察及研究世界。**在進入一般的發展層次時，他們更渴望掌握正確及客觀的知識，以便應付各種事情。若別人認為他們不正確、太多擾亂他們研究的時間及獨處空間，或強迫他們參與社交活動，他們便容易感到很大的焦慮。

麗儀喜歡思考問題，常對身邊的事物尋根究底，也喜歡獨處及安靜的時間。當她專注思考時，她不希望別人騷擾她。相反，她的丈夫喜歡與人交往，常帶她出席不同的社交場合。麗儀面對社交的禮節及期望感到很大壓力，漸漸覺得丈夫不了解及體諒自己，於是變得更加退縮。

**第六型性格（忠誠者）**在內心恐懼的帶動下，**害怕失去了依靠及支持，故此他們會對前景充滿憂慮及渴望找到可依靠的權威人士或信念。**在進入一般的發展層次時，他們對所有事情都感到懷疑，並渴望穩定及得着安全感。若別人背叛他們、將他們置身於不穩定的環境中、或是選擇離羣，獨來獨往，都會令他們容易感到別人太過自我中心。

當偉雄知道他的上司沒有諮詢自己而作出某些決定後，他感到非常失望，因為他感到自己被排拒在決定之外，亦感到上司並沒有充分考慮他的境況及感受，並不將他當為同伴。於是，他選擇用一些不合作或對抗的手法，抗衡上司對他的指示。

**第七型性格（熱衷嘗試者）**在內心恐懼的帶動下，**害怕失去了自由，被困在痛苦及困惑中，故此他們努力從事愉快的活動，尋找快樂。**在進入一般的發展層次時，他們透過期望未來可能發生的正面事情，以維持興奮愉快的感覺。若別人對他們施加限制或要求他們履行承諾，以致不能得到他們想要的東西，或是不斷加予壓力，要求他們直接面對困難或問題，都會令他們容易感到壓力。

每一天，卓華的記事簿都佈滿當日要做的事情，由早上到晚上，他不停地參與不同的活動。所有的朋友都佩服他的精力及樂觀的態度。但是卓華心底並不快樂，因為妻子非常不滿他沒有將時間放在家庭中，故此決定向他提出離婚。卓華感到傷心，因為自己最親密的人都不支持自己，並施壓要他停下來，作出選擇。

**第八型性格（挑戰者）**在內心恐懼的帶動下，**害怕失去控制而受到別人傷害，故此他們會很努力地支配「控制範圍」內的人事物，以保護自己。**在進入一般的發展層次時，他們常常挑戰身邊的人事物，也拒絕受周遭的環境影響。若別人想挑戰或控制他們，甚至欺騙及對他們使用詭計，或是對他們沒有回應，對應該做的事情沒有採取行動，都會令他們容易憤怒。

明珠的上司是八號型的性格，她發現和上司對話時，必須讓自己以不對抗但堅定的態度來進行討論。當上司發覺明珠向外透露了與自己不同的觀點時，她會使用非常惡劣的態度，責怪明珠不依從她的指示，並表示她在過去的日子如何保護明珠，但最終卻不依從她的指示。

**第九型性格（調解者）**在內心恐懼的帶動下，**害怕失去平靜及和諧的聯繫，故此他們會努力尋求內心及外在的和諧。**在進入一般的發展層次時，他們為了保持聯繫及和諧而忘記自我的存在，並嘗試迎合別人，逃避問題，以致穩定平靜的生活，不受外界影響。若別人強迫他們面對衝突並給予回應，或要求他們說出自己的感受，都會令他們容易感到困惑。

月瑛和明傑因着婚姻問題與輔導員面談。月瑛跟輔導員表達自己對婚姻生活的不滿，其中最不滿的是明傑在她表達自己的感受和想法時，總是沉默不言，不作任何回應。當輔導員有機會單獨與明傑見面時，他表達不明白月瑛為什麼有這麼多的不滿，他覺得婚姻沒有什麼問題。其實他心裏對月瑛的表達也很憤怒，只是為了避免紛爭而沒有說出來。

不同性格的人，當然不會只有一處地方受到傷害，但是每種性格的執著之處，就是該性格最容易受到傷害的地方。正如前文所説，當別人刻意對自己作出傷害，情感創傷必然產生；然而，若我們了解在情感創傷中，也有自己的影響及參與時，便能較具體地找出脱離受傷害的路。同時，增加對自己的了解及接納，便能對自己更有自信，減低恐懼及焦慮，也減低受傷害的機會，或減少情感創傷的時間及程度。

- 若**改革者**能接納自己有犯錯的可能及世界的不完美時，其他人的批評便不容易成為對自己的傷害。

- 若**助人者**能接納別人不一定需要自己的幫助，及別人對自己的需要作出付出時，其他人的拒絕及付出便不容易成為對自己的傷害。

- 若**成就者**能明白失敗及錯誤是生命中必然的經歷，自身的價值不在於自己做多少，其他人的批評及競爭便不容易成為對自己的傷害。

- 若**自我者**能明白自己的情緒反應不是來自別人而是自己時，其他人的反應或拒絕便不容易成為對自己的傷害。

- 若**研究者**能表達自己的想法並嘗試投入羣體活動中，其他人的邀請及接觸便不容易成為對自己的傷害。

- 若**忠誠者**能信任自己及接納不確定性是生活的一部分，其他人不參與或背叛便不容易成為對自己的傷害。

- 若**熱衷嘗試**者能學習活在當下多於活在未來，體會生命中的困難及痛苦，其他人對自己的要求和限制便不容易成為對自己的傷害。

- 若**挑戰者**能了解軟弱是自己成長的一部分，體會軟弱是幫助我們成長，其他人對自己的挑戰便不容易成為對自己的傷害。

- 若**調解者**能關心自己的需求和快樂，並且不怕麻煩及衝突，其他人堅持的意見與自己的不同時，便不容易成為對自己的傷害。

姑勿論情緒傷害是由外界還是自己的個性而來，我們亦需要面對因傷害而來的情緒，為傷害賦予意義，才能踏上釋放之路。

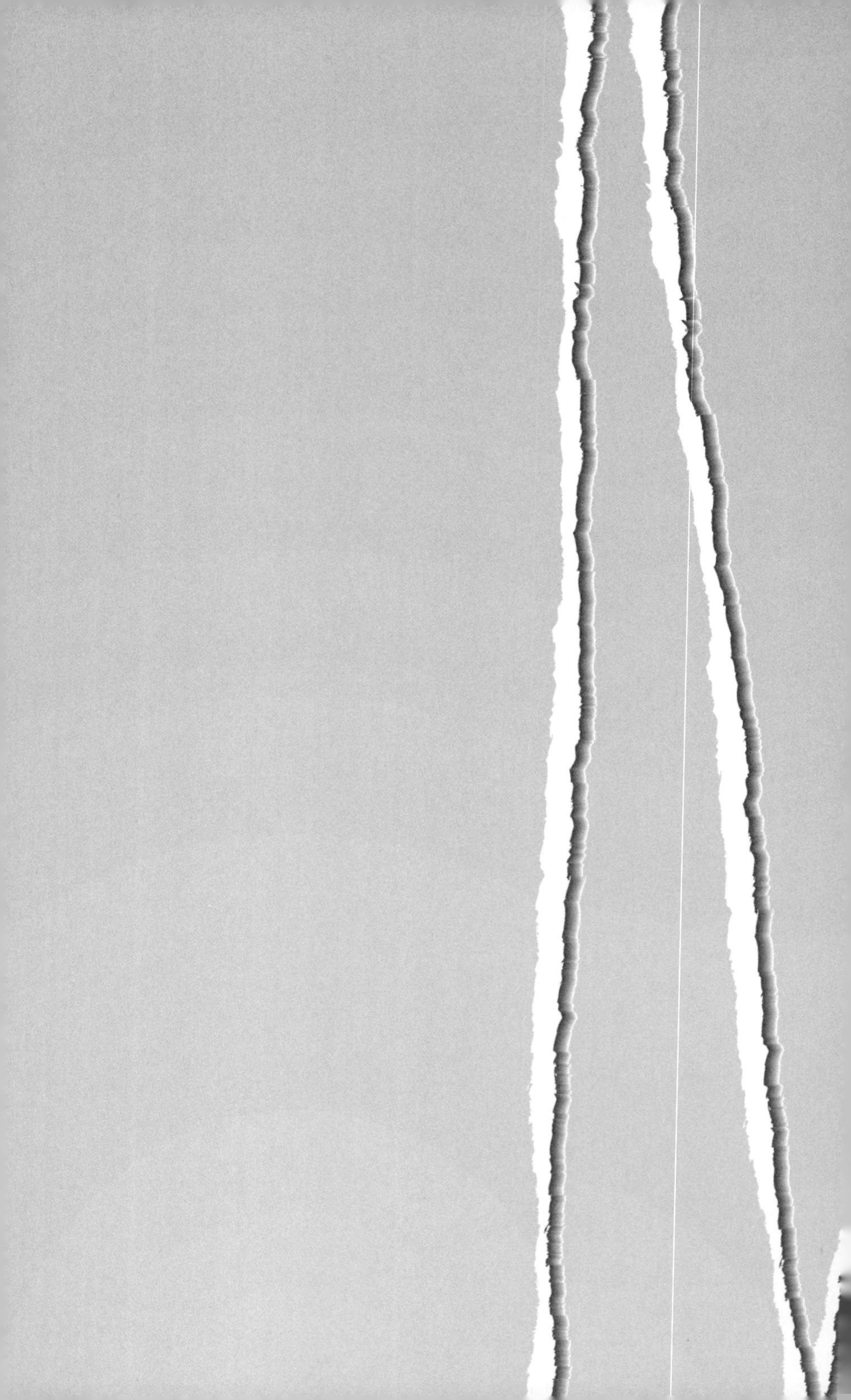

# 下篇

## 走出情緒傷害的陰霾

# 第 5 章

## 體驗受苦的情緒

一個痛苦經驗的發生，很自然地引發很多情緒，例如憤怒、焦慮、哀傷等等。我們需要空間來過渡這些情緒，同時亦需要使用自我意識來觀察這些情緒。然而，很多時候我們的情緒卻得不到認同，甚至為了應付當下的處境，要把情緒扭曲、抑壓、否認等等，這些未經梳理的情緒會潛藏心底，很可能成為日後的心結。

## 一．是什麼阻礙情緒自然地流露？

### 1 情緒被否定

有些負面的情緒未必得到認同，當表達這些情緒時，別人很可能加以制止和否認。例如當表達焦慮時，所得到的反應是「不用太擔心，事情總會解決的」，又例如當表達傷心時，別人的反應是「節哀順變」，雖然在某個層面來說，這是一種安慰的表示，但當事人卻會以為表達這些負面情緒是不應該的，若然別人的反應是不耐煩，當事人更會以為自己因負面情緒而遭受拒絕，自己是個不可愛的人，故此不再讓這些負面情緒流露出來。

## 2 錯誤理解情緒

不單別人因不耐煩或企圖安慰而否定我們表達負面情緒，有時我們也會因父母或文化環境的教導，衍生對情緒的誤解。例如當我們恐懼時，就好像不夠勇敢，為要做個勇敢的人，就不讓恐懼流露。又例如出現憤怒的情緒，就如沒有修養的人，所以不容許自己經歷憤怒。筆者認識一位朋友，自小遭父母虐待，但他不能體會憤怒的情緒，因為他以為若對自己的父母憤怒，就等同不孝，於是下意識長期壓抑憤怒的情緒。當我們對情緒賦予太多錯誤的意義，下意識便對某些情緒加以否定和抑壓。

## 3 誤把情緒作結論或行動

有些時候，當某些情緒出現，我們就以為這必然會引致某些不合理的結論或行動。例如當一個人因父母對自己做了一些不應該的對待而憤怒時，他擔心這樣會把父母説成是不好的，彷彿他的憤怒就等同把父母當作壞人。筆者經常在輔導室聽到很多對父母不滿的故事，當事人一邊訴説，一邊擔心，經常向筆者澄清父母不是這般壞，而我會微笑向他們説：「縱使你不滿你的父母，也不等同他們是壞人，只不過是他們的某些行為令你憤怒。」

另一種誤解是以為某種情緒必然會導致某種行為，例如經歷憤怒就會傷害別人，經歷失落就會放棄等等。當我們愈了解情緒，我們會愈明白情緒是一種內在體會和經歷，行為只是一種對環境的回應，經歷某種情緒不等於導致某種行為。很多人因有這方面的誤解，所以會否定自己某些情緒。舉例說，經歷憤怒不等同表達憤怒，前者是一種內在體會，一種感受，後者是一種反應，作出反應必須考慮身處的環境和後果。

**4 應付當下而把情緒抑壓**

自美國九一一事件發生後，有很多關於這方面的特輯播出。有一次，筆者收看了一個關於一羣消防員當日行動的電視節目：有一羣消防員被困世貿大廈，當時周遭漆黑一片，唯有依靠消防員帽上的頭燈照明，尋找出路。消防員開始感到恐慌，只有一位消防隊長十分鎮定，他有條不紊地指揮隊友，細心觀察，最終帶領整隊消防員脱離險境。所有人都驚歎這位消防隊長的臨危表現，然而這段訪問報道後，這位消防隊長出現種種心理病，據說可能是創傷後遺症，由於當時他要應付極危險的環境，心理上不容許自己經歷恐懼，這些情緒在往後的日子才慢慢「滲透」出來。

其實為了應付當下的處境而抑壓情緒的例子比比皆是，例如當一個小孩子為了應付父母離異的困擾而抑壓種種情緒，到長大後才慢慢在別的地方表現出來，如過分缺乏安全感而感到焦慮、情緒暴躁等等。

**5 成長創傷妨礙經歷情緒**

在成長路上，經歷種種創傷而未能疏解，導致一個人形成一些固定的情緒系統，阻礙他即時的體會。

秀貞自小被父母責罵是個剋星，會牽累別人。故此她內心潛藏一份羞愧感，令她深深覺得好東西不會落在自己身上，換句話說，自己是不配得擁有好東西的。當她果真幸運地經歷好事情，她也不敢讓自己相信，不敢讓自己喜悅，因為她怕高興之後是更大的失望，她認為好事情始終會離開。這種情緒系統令她無法自然地體會當下喜悅的情緒；因「怕失望而不敢令自己太高興」的思想成為阻礙她經歷當下的情緒；更甚者，秀貞自己充滿羞愧，認為自己是個剋星，更深層是「覺得自己不配得擁有好東西」，這潛意識也會令好事情不在她身上發生。若不醫治，這個系統會一直主導秀貞的人生，妨礙她活在當下。

## 6 情緒變成工具[1]

有時「情緒本身」也可成為我們「經歷情緒」的障礙。由於社會文化或成長背景對某些情緒賦予判斷和拒絕，因此當我們出現某些不想經歷的情緒時，或許會衍生別的情緒來掩蓋這些原本的情緒。例如我們會為自己的恐懼感到羞愧，或因自己憤怒而感到內疚，又或因內疚而感到憤怒等。這些別的情緒，是當我們企圖控制原本的情緒而來的反應，由於我們沒有經歷及體會原本的情緒，反而因為這種企圖控制而來的別的情緒，令我們陷入情緒的困擾中。換句話説，愈想控制、愈妨礙我們經歷原本的情緒，反而加強了那些因想控制而來的別的情緒，而後者便是很多人常説的情緒困擾。

另一種情緒亦阻礙我們經歷原本的情緒，這就是「工具性情緒」。這些情緒只是用作達致某種人際關係的目的；由於我們怕直接表達某種需要，便間接地運用了「工具性情緒」。例如當我想贏取別人的同情時，我們會刻意表達傷心。尤其是一些怕被拒絕的人，他們寧可利用「工具性情緒」（例如傷心）來索取需要（想得到同情），而不會直接表達，這樣就不會讓自己經歷被拒絕的可能。筆者認為在中國人的社會中，這種「工具性情緒」的表達可謂淋漓盡致，很多溝通上的「單單打打」、「含沙射影」都帶有這種味道。比方一個母親想子女表達孝道，會刻意做出憤怒而令孩子內疚，這些例子屢見不鮮。

由於「工具性情緒」的焦點是達到某個目的，當事人並不體會情緒，而是「表現」情緒，故此亦會妨礙他接觸原本的情緒。

### 7 情緒解讀的能力[2]

由於各種文化對情緒的多種理解，以及我們在成長路上遇到的經歷，我們對情緒意識會有不同程度的發展。

根據 Steiner 的理解，一個人的情緒意識可分成七個層次：

i. 麻木：　這是一個最低層次的意識狀態，當事人對自己的情緒狀態沒有意識，反之周遭的人可能比他本人更清楚。然而這並不表示當事人沒有感覺，由於不能意識自己的感覺，所以累積很多感受而不自知，直至突然因小事而爆發情緒，而爆發過後又再麻木。

ii. 身體的感應： 這個層次的意識狀態是透過身體的表達來感覺，例如當事人感到心跳加速而不自覺是來自恐慌的情緒；由於很多人的生活太急促繁忙，沒有足夠的空間，意識不到內在的情緒，結果情緒透過身體表達出來，造成身心病。筆者常見的身心病包括因焦慮緊張而造成的腸胃病、因恐懼積累的肌肉抽筋等等。

iii. 原始經驗： 處於這種狀態的人，會意識情緒的存在，但沒有恰當的言語把它表達出來，結果造成偶發性的情緒爆發或衝動。

iv. 分辨： 跨越了語言的屏障，當事人有能力分辨內心各種各樣的情緒。諸如憤怒、傷心、內疚、羞愧、喜樂、感恩等等，而且亦可體會它們的強烈程度，能夠用言語表達出來。

v. 因果關係：　這個層次的意識能力，不但可以分辨各種各樣的情緒，同時亦能知曉令這些情緒出現的誘發事件。例如家明今天的心情欠佳，聽見太太一句説笑的話而情緒低落，但他知道不是太太那句話引起，而是這句話令他聯想到在公司遭上司譴責的情境。他能夠分辨情緒的因果關係，而不會無理冤枉了太太。

vi. 同理心：　達到這個意識層次的人，不但能夠體會自己的情緒，同時也能夠進入別人的世界，體會他們的情緒。由於對自己的情緒世界有清楚深刻的體會，因而對別人也可衍生這種體會的能力。

vii. 互動：　這是最高的意識層次，當事人不但能夠了解別人的感受，而且能夠溝通及表達出來，他們透過敏鋭的觀察能力，體會人與人交往的情感電波，懂得在情感上説合宜的話，及作恰當的反應。一些善解人意的人往往便是達到這個層次。

由於文化上對有關情感的教育有限，很多人的情感解讀能力，都只停留在原始經驗或以下的程度，未能清楚意識內在的情緒，結果造成情緒爆發、衝動，或無緣無故因小事作出敏感的反應。

## 二．體驗受苦情緒的重要性

當一件不快的事件發生，如我們可自然而然地感受整件事，有恰當的情緒體會，情緒是會得到疏解的，這亦會整合為我們人生的經驗（在此我必須強調，體會情緒、感受情緒不等同表達情緒；體會、感受是一種內在體會，表達必須考慮環境和後果。有很多人誤以為感受情緒等同表達情緒，結果造成肆意的發洩）。反之，未經完全感受的情緒，會被壓抑、否認、埋藏、轉移、逃避等，結果造成生命中的陰影部分，以下是一幅情緒處理的地圖[3]：

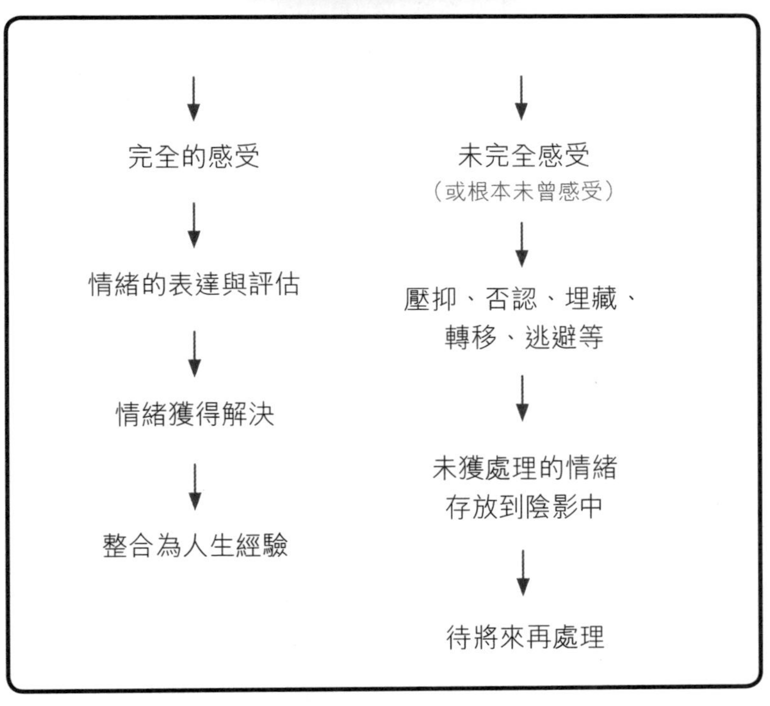
情緒反應
完全的感受
情緒的表達與評估
情緒獲得解決
整合為人生經驗
未完全感受
（或根本未曾感受）
壓抑、否認、埋藏、
轉移、逃避等
未獲處理的情緒
存放到陰影中
待將來再處理

若我們能誠實地經歷因某件不幸事情所觸發的情緒，去體會它，讓它有機會適當地分享，得到認同，這些情緒是會漸漸消散的；但很可惜，由於以上提及的種種障礙，我們未必意識、承認這些情緒的存在；故此，對這些情緒置之不理，這會變成「死穴」，成為我們情感上的傷口，日後有類似的事件便會觸發這些情緒。有時日子久了，我們甚至忘記這些情緒出現的原因。這些受傷害的情緒，再深化成生命的圖譜，比方説，我們可能因別人取笑而大發雷霆，假如不去正視這種情緒爆發所帶來的傷害，我們只會要求別人遷就，不許別人再説一些令我們不悦的話；若我們受傷太多，需要別人遷就的地方就更多，結果自己周遭都好像佈滿情緒的地雷，別人與我們相處也要變得小心翼翼，步步為營。

當我們誠實地面對因心靈受傷而來的各種情緒，不逃避轉移，不判斷否認，我們便會發現這些情緒的信息。這些情緒信息能令我們健康成長。例如傷心難過的信息，是讓我們意識到某些東西已一去不返，經歷傷心難過後，學會接受現實；若因種種原因令我們沒有深深體會那些傷心難過的感受，即使在頭腦上不住要自己接受也接受不來，唯有在情緒上充分地經歷了，我們才能釋放。

沉澱過後，這些情緒上的信息更會成為生命的智慧。筆者在輔導室見過一個例子，姑且稱當事人為念恩吧。

念恩的婚姻生活尚算愜意，丈夫雖然不是什麼細心浪漫的人，但總算盡責。但近來念恩不知為什麼因處理傭人的事情與丈夫鬧得很不愉快。念恩不想丈夫對傭人的態度「特別」友善，每每看見丈夫禮貌周周地請傭人辦事時，內心都升起某種莫名的妒火。念恩要求丈夫不許像家人般對待傭人，其實丈夫已諸般解釋，心平氣和地與念恩討論處理傭人的態度，甚至表示對太太的尊重，同意解僱這個不合她心意的傭人，但念恩總是不滿，認為這個傭人走後也有隨後的傭人，這不是個別問題，而是原則問題。丈夫真的摸不着頭腦，開始覺得念恩太強詞奪理，後來經過細心探索，念恩才聯想起被母親排斥的童年傷痛，不知為什麼自己總得不到母親的愛護，眼見母親疼愛弟妹，心裏有種說不出的疼痛，想不到丈夫對待傭人的態度勾起這段悲痛的回憶。

有了這種聯想後，念恩讓自己重新回到小孩的記憶裏，誠實地體會當中的悲痛，丈夫默默在身旁支持，念恩在愛中勇敢地面對這段歷史、這份受傷的情感，突然她說：「原來我是想補償失去的母愛。」經歷傷感，說出這句話，念恩有種釋放的感覺，因為她終於承認自己對母愛的渴求，過去她一直否認這個需要，是因為想逃避所帶來的痛苦，此刻因着這份承認，她經歷了錐心之痛，結果她在情感上終於接納失去母愛的事實。當她接納現實後，反而奇妙地再也沒有因對待傭人的事而與丈夫爭辯。

通常每種情緒都附有一個信息，讓我們明白自己的狀態，例如憤怒可能是代表我們的空間受到侵犯；羞愧可能是代表不能接納自己，覺得自己是個很差勁的人；內疚是表示我們違反了良知，想做一些補償的行為；害怕是表示我們的安全感受到威脅；而哀傷是表示我們需要向某些東西說再見。認識這些情緒的信息，令我們更清楚明白自己的需要，雖然需要不一定得到滿足，但對自己狀態的認識和承認，是接納現實的必經過程。

## 三．學習誠實地接觸情緒

一個長期對情緒缺乏認識的人，輕則脾氣暴躁，嚴重者會變得自欺欺人，缺乏真誠，最後甚至變得偽善、人格扭曲等。

其實接觸情緒，是一個讓我們真誠地認識自己的渠道。例如內疚，它是良知受到干擾而衍生的情緒，若然沒有內疚，我們連做錯事都不自知；又例如恐懼，它是讓我們感到安全受到威脅，再深一層來説，它令我們知道自己的限制，自覺有限才覺悟自己渺小。

究竟要怎樣才能真誠地接觸情緒？近來香港流行很多心理治療的方法，例如內觀法（Mindfulness）、靜坐、催眠、身心放鬆等，其中有些提醒是很有幫助的：[4]

### 1 開放（Non-judging）

很多時候，批評令我們想改變和控制自己的情緒，只要對自己的感受予以不偏不倚的態度去接受，我們便能如實地察覺自己的內在經驗。

### 2 耐性（Patience）

耐性是一種智慧，有耐性的人，會明白萬物皆有時，欲速則不達，我們要對自己培養這份耐性。

### 3 初心（Beginner's Mind）

活在此時此刻，我們以「初心」的眼光來看周遭的一切，因為每刻經驗都是獨特的，蘊含生命本身的無限生機，如此我們會在平凡中看見不平凡。

### 4 信任（Trust）

信任自己、信任自己的感覺，學習聆聽自己的內在聲音。當我們對自己信任，也會更多信任別人。

### 5 無求（Non-striving）

有時我們做任何事都帶着目的，但接觸自己的內在經驗，純粹是為做回自己，純粹以活在當下的態度，接納每刻的經驗。

### 6 接納（Acceptance）

以如實的態度接納事情的本相。接納並不代表我們要喜歡或被動地面對一切，又或者啞忍任何不妥當的行為；接納只是如實地面對當下的所思、所想、所見。

### 7 解執（Letting go）

我們內心對某些思想、感受和情境都有所偏執，若是美好的經驗，我們想把它延長；若是不快的經驗，我們想除掉它；其實我們能以開放的態度放下偏執、接納事情的本相，去迎接每刻的經驗。

## 小結

情緒是上帝造人給予的上佳禮物，透過情緒，我們可以誠實地面對自己、認清自己的本相。可惜由於種種文化對情緒的誤解、自我的否定、對事情的偏執等等，令我們拒絕接觸情緒。其實，當我們以開放的心靈接觸自己的內心經驗和情感，不但可以完全感受情緒，釋放這些經驗，亦可整合成人生的智慧。

**參考書目：**

1 Greenberg, L. S.（2003）. *Emotion-Focused Therapy: Coaching clients to work through their feelings*. Washington DC: American Psychological Association. pp.45-50.

2 Steiner, C. & Perry, P.（1999）. *Achieving Emotional Literacy: A personal program to increase your emotional intelligence*. London: Bloomsbury. pp.36-49.

3 Andrew Tresidder 著，辛巴譯（2004），《情緒地圖》。台北：藍鯨。頁 42。

4 Kabat-zinn, Jon.（1990）. *Full Catastrophe Living: Using the wisdom of your body & mind to face stress, pain and illness*. NY: Dell Publishing. pp.33-40.

# 第 6 章

## 重建情緒傷害的意義

深刻的情緒傷害就如一場受苦的經驗，有時令人陷入一種仿似黑暗的狀態，四周都好像沒有出路，而且一切都顯得荒謬無理，自己過去所依靠的東西亦顯得沒有幫助，整個世界都像翻轉過來，有孤立無援的感覺，頓然間，感到生命是那麼無常，世界是那麼荒唐，究竟人生是什麼？生存又為了什麼？

受苦的經歷往往是不情願地發生，而受苦亦打亂我們原來的生活秩序。由於它蘊含很大程度的荒謬，除了在行為及情緒上出現第 2 章所講及的情況，更深的影響是在屬靈的層次上：

**1 否定永恒的價值**

世界好像沒有公理，好人沒有好報，惡人卻可安享天年，這豈不是荒謬絕倫嗎？故此再沒法相信宇宙中有位至善至美的上帝，也不會相信永恆的價值。既然如此，何不放縱生命？反正再不需要執著什麼。

**2 自己才是宇宙的中心**

既然沒有一位至善至美的上帝，一切都是人為的，人才是宇宙的中心，由此衍生一種與上帝隔絕的狀態，以為萬事都是人為決定，已不再依靠上帝，唯有只靠自己，以為自己才是生命的主宰。

**3 屬靈的自大狂**

受苦者若沒有健康地經過自我檢討，會陷入不能自拔的受害者心態，覺得自己永遠都是無辜者，只看到別人怎樣虧待他們，而不知道自己也是罪人；他們站在審判者的位置，懷着自大的眼光批判別人，覺得別人如何未達標準。

受傷的屬靈生命有時比情緒及行為上的問題更令人憂心，因為一雙屬靈眼睛瞎了，就無法超越自我、感悟生命更高層次的真理，就好像與永恆隔絕，陷入一種絕對孤立的狀態。

面對無常和看似荒謬的痛苦，我們要從中發掘它的屬靈含義。有意義的痛苦讓人可以熬過去，相反沒有意義的痛苦令人陷入絕望的深淵——屬靈層面的孤立狀態。

要建構受苦的意義是很個人化的，每個人在其生命的階段裏，都能發現受苦對生命的特殊意義，然而在某程度上都會涉及兩個層面：一是自我的發現，二是超越自我的感悟。

## 一. 在受苦的經歷中發現自我

### 1 體驗人生有限

受苦的經歷令我們體驗到，很多事情都不在自己掌握之中。通常在痛苦發生的初期，我們都會想辦法解決問題，儘量減低傷害，甚或回復事情的原狀；但當發現受苦的事情已無法控制，自己的能力實在有限，我們會嘗試否認，甚或陷入抑鬱狀態。最後，當真正體會自己的能力有限時，才懂得依靠上帝；人在執著的時候，常常無法看見恩典，在放手的一刻，卻會發現生命中蘊含着無限生機：在孩子的笑聲中、在路旁盛開的小花中，我們體會恩典、體會生之奧秘。

### 2 反省偏執

過去成長過程中種種傷痛的經歷，令我們發展出各種各樣的偏執，例如以為世界充滿危險，所以不信任別人，因而發展出懷疑的偏執；透過這副「偏執的眼鏡」，我們不停「證實」世界是不可信任的，因為這副「眼鏡」令我們看不見世界令人信任的地方。有很多時候，受苦的經歷是因為我們仍活在這些偏執裏。筆者認識一位朋友，他自小常遭別人欺負，為了保護自己，他發展了一個世界與他為敵的偏執——當別人還沒有傷害他之先，他已作好自衛的反應，若別人有少許傷害了他，他會將之放大，認定對方是他的敵人，結果他覺得周圍滿佈一些會傷害他的人，他與人為敵的偏執便愈來愈鞏固。故此我們要好好反省整個受苦的經歷，從而認清自己的偏執，而不陷溺於受害者的角色，只管批判別人，卻看不見自己的盲點。

### 3 承認自己的不完美

對於受苦者來說，若只着眼於自己受委屈的經驗而不住地對人作出批判，便很容易出現屬靈的自大狂。為了避免這種情況，就得進行一種健康式的自我檢討，[1] 這種檢討不是帶着自卑自責的態度進行，而是建立在上帝赦罪之恩的信念上，誠實地面對自己，以上帝至善至美的角度檢視自己。這是一個痛苦的歷程，因為站在受苦者的位置上伸冤，會有一種從自義而來的快感；但誠實地面對自己的醜陋，便會感到不安，然而要避免屬靈的自大狂便需要屬靈的虛懷；其實每個人在上帝面前都是罪人，若然我們以這種屬靈的虛懷面對自己，經歷上帝赦罪之恩，便可深刻體會一種釋放，不再含恨。筆者在輔導室中，常常碰見一些因別人做了對自己不義之事而深受情緒創傷的人，當他們看見自己罪性的一刻，當他們發現自己也不完美的時候，內心頓然感到一種釋放，他們終於明白《聖經》中所說「眾人皆有罪」的道理，不再站在審判的台階上指控別人，而是明白自己與那個傷害自己的人都有共通的人性——罪性和軟弱，[2] 故此不想再指控，反之更想尋求上帝的饒恕，經歷祂寬恕的恩典。

然而這裏必須強調，「在自我檢討的過程中必須有一個肯定的終點，否則我們可能很容易跌進一個永久性的自我定罪的習慣中。認罪以憂傷開始，但以喜歡結束。罪得赦免值得慶祝，因為它產生一種真正的改變的生命。」[3]

### 4 超越自我的視野

「覺得不公平」是很多受苦者不能跨越的情緒，有時會透過人為的方法，不論是追討、要求補償甚或報復，都是想討回公道。本來想討回公道是無可厚非的，但這渴望過分強烈，就會蒙蔽眼睛，反過來對其他人製造更多不公道，昔日自己所詬病的行為，今天一一重複，甚至有過之而無不及。中國人說：「冤冤相報何時了」，正正道出了這個惡性循環的問題。

要跨越「不公道」而來的困擾，需要跳出自我的框框，放下由自我衍生的「公道」，進而追求客觀公義的情操。跨越「不公道」並不是否定客觀的是非對錯，而是用一個超越自我的角度來衡量是與非，建立一套客觀的視野和價值觀。

比方說，對一個傾向指控別人的人來說，他只會看見別人的不是，只要他能超越自我的視野，就會看見自己的不是；不單要討回自己的公道，也對人公道，力求雙方都服膺在公道的客觀價值之下。筆者嘗試再舉些例子。我認識兩個人，他們都是遭受欺負的婦女，前者慘遭丈夫虐待，幾經辛苦才脫離丈夫的魔爪，自此她好像對男性有種仇恨的眼光，當其他朋友遇上婚姻問題，她第一時間會認為是男方不對，而且每每鼓勵別人離婚。她也很喜歡把自己的「成功故事」與人分享，要其他姊妹們效法她的榜樣。若朋友對丈夫還有點感情，面對這位過來人的「意見」便會有點壓力，因為覺得不離婚就不夠堅強，有失女性的尊嚴。明顯地，這位朋友還是停留在自我的世界裏看問題，從她自身的不公平待遇，不住有意無意鼓勵別人離婚，她不知道她對其他人（朋友、朋友的丈夫，甚或孩子）已造成不公平的對待。

另一位朋友也是曾遭欺凌的婦女，但她對過去的事情已有一份釋懷，不再含恨。她深深體會弱者遭受欺凌的苦況，是一位公義的追求者，故此非常懂得聆聽弱者的心聲，明白他們真正的需要，而不是一廂情願把自己認為「對的」的想法強加別人身上。她對公義有所執著，而且不惜犧牲自己的利益來維持這種價值，但同時不會站在那種深深不忿的自我經驗中，聽不見別人真正的心聲。

從自我的世界看公道是十分危險的，因為在自我的世界裏，只會不斷感到冤屈、自義而看不見別人的觀點，甚至做出比那個傷害自己更甚的破壞性行為；要解開不公道的心結，就要跳出自我的世界，尋求更高更善更美的價值，把自己服膺在這些價值下，才會虛懷地放下只從自我世界出發的公道。

## 5 自尊的重建

最後，受苦的經歷讓我們再一次檢視自尊的根基。痛苦的經歷在某程度上，拆毀了我們的自我價值感。一向以來，我們都會用各式各樣的東西來肯定自己的價值，例如成就、在別人心目中的位置、知識等等，當某些經歷打破我們所執著的東西時，我們賴以為榮的自尊感便會動搖，結果陷入痛苦的掙扎中。故此受苦的體會，讓我們有機會檢視自我價值的根基到底建立在什麼地方。是一些容易朽壞的東西？還是一些不變的價值上？例如人的尊嚴是從上帝的形象而來，這是天賦而不變的價值，不論有沒有成就，是否受喜歡，自尊也不會被拆毀。若沒有受苦的經歷，我們未必會察覺這個非常根本的問題。

除了從各方面進行健康式的自我檢視外，受苦的其他意義是讓我們與信仰、與外在世界產生有意義的結連。

## 二．與生命的結連

### 1 不是孤獨地生存

美國的原住民有一個對人生很大的體會：「我們是地球的一部分，地球是我們的一部分。我們傷害到任何生物時，一定會傷害到我們自己；我們滋養任何東西或任何人時，也一定會滋養到我們自己。」[4]

人與人之間是互相產生關連的，一些看似沒有關連的人和事，原來也有一定的關係。最近我看過一位禪師説的一個比喻：「現在你看見這本書，書的紙張是由遠方一棵樹木製造出來，樹木由當地的工人砍伐；換言之，你與那個工人有某些關係，而工人為什麼要砍伐樹木？可能他要養妻活兒，若不是養妻活兒，他未必做這份工作，於是我們與他的妻兒亦有某些關係。換言之，當你在看這本書時，已與很遠很遠地方的人產生了某種連繫」[5]。受苦的經驗，令我們深深感到我們與人生、與宇宙，確實存在着一些我們想像之外的關係。記得在輔導室內，聽見很多遭上司苦待的個案，表面上好像是上司與下屬兩個人的關係，但再想深一層，上司可能曾是受虐兒童，今日他所表現出來的專橫，是昔日受虐的後遺症，那麼當事人原來也與上司的父母親有某種程度的關連，再問下去，為什麼上司的父母親會虐待他們的兒女？他們背後亦有一羣造成這個結果的人，當我們追溯下去，數之不盡，如此我們便發覺受苦的原因不是眼前所知所見的原因，背後有數之不盡、無窮無盡的人際網絡，令我們發現自己不是孤獨地生存，一些與我們看似沒有關係的人，也存在某種脈絡和關連。

正是這個發現，讓我們深深體會到對別人的責任。原來「一切偉大的宗教傳統，其核心基本上都是一樣的——藉着愛我們自己，彼此相愛以及愛上帝，以感恩的態度與生命深深地結合在一起。」[6]

## 2 對世界的信任

有一次，有人問愛因斯坦：一個人所需要回答的最重要問題是什麼？愛因斯坦認為是「宇宙是一個友善的地方嗎？」對於這個問題的答案，正是我們很多價值與信念賴以維繫的基石。[7]

筆者從事輔導工作多年，經常有一個發現，就是很多經歷受苦洗禮的人，最終都會體會人間有情，在危難中得到很多朋友、家人無私的幫助。這些體會令他們覺得所得的要比所失的更多，他們發現世間是善良、人間是有溫情的。記得有一次，一位女士說：「若不是離婚痛苦的經驗，也不會發現家人原來是這般好！」

在危難中，我們更加需要一份對世界的信任來面對困難，同時亦在危難中，上天會向我們揭示「這個宇宙是善良的」的真相。只要我們凝視上帝慈愛的臉孔，將會發現「只有祝福，沒有咒詛」。

### 3 人生真正的目標

當我們受苦時，頓然間感到眼前所經歷的都是虛空，一切所追求的都是過眼雲煙。究竟什麼是永恆呢？若沒有永恆，就不如吃吃喝喝，「今天有酒今天醉」吧，正因為對眼前一切都抱着懷疑的眼光，內心深處便有一種對永恆價值的渴求，我們想抓緊這個永恆的價值，才肯定生命的意義。這個時候，便想找尋人生真正的目標。有很多人正是經歷過極大的痛苦，才體會愛的意義，認為這是人生中最重要的事情。

因為自己受過苦，才體會受苦者的遭遇；

因為自己經驗過人的限制，才明白那種力不從心的掙扎；

因為自己嘗過人間的善良，才懂得給予別人憐恤。

受苦者不再執著人世間過眼雲煙的爭爭鬥鬥，而且以慈憐、以寬容愛自己、愛周遭的人，而再進一步，能接駁這個愛的源頭 —— 永生的上帝。

經歷這種發現的人，深刻感悟人生永恆的真諦，生命有種説不出的深度悟性，當跨越重重人間的虛幻，以清心迎接生命的經驗時，便會發現這個永恆不變的真理。

**4 預留奧秘的空間**

筆者曾讀過《在天堂遇見的五個人》一書，當中有一個很大的啟迪，就是生命蘊含很多我們不明白的地方，有時要待一段很長的日子後，甚或上到天堂，才明白為什麼某些事情會發生在我們身上。這是一個很深邃的生命能耐。因為在本能上，當我們有不明白的地方，自然想找個究竟，但遇見痛苦的經歷，竟然需要耐性等待事情揭盅，這豈不是很大的考驗嗎？然而「等待」本身亦帶着深刻的屬靈含義，其中是一份虛懷的情操，一份順服的操練。

對很多受傷害的人來説，內心渴望找出原因，問個究竟：為什麼別人會出賣我？為什麼自己所信任的人會變得如此自私？一個又一個為什麼的背後，是不能理解發生的事情，失去有意義的理解，世界自然變得荒謬，我們要花很多心力來消化這種荒謬，於是這種失去意義的狀態令人變得意志消沉、情緒低落。若然我們在短時間內能找到受苦的意義，這是一份福氣，但亦有不少時候，怎也不能叫自己去接受一個連自己都説服不了的意義，在這個時候，尊重奧秘的情操便顯得重要了。當我們的生命可以預留空間給「奧秘」，我們便能以虛懷的態度面對生命的無常，承托這種態度的是在生命深處的一個堅強信念、一種超越現今世界的視野。

## 三. 發現受苦意義的條件

要從受苦的經驗中感悟當中的意義，究竟要什麼條件才可以配合？

### 1 受教的心

一個狂妄自大的人，往往聽不到、看不見生命給我們的啟示；唯有虛己的人，隨時準備自己迎接生命的體驗，才能透過種種際遇，姑勿論是內心的呼聲、大自然而來的啟迪、別人一句提醒的説話等等，去感悟人生的真相。

### 2 拿出勇氣面對

接受自己是不完美的人。當人承認自己是有瑕疵時，才不致傾盡全力自我保護，以辯解為自己脱圍，這樣才有勇氣面對自己的真實本相。唯有真誠，才能帶來真正的改變，否則只是做點門面工夫，用來遮掩一下，企圖欺騙別人、欺騙自己。

### 3 操練的功課

現代人最大的毛病是心急，當發現有什麼需要改善的地方，便立即想透過意志來改變自己，以期收即時之效。然而很多生命的改變是靠每天點點滴滴的操練而來的，要真正修養品格、陶冶性情，不是用一、兩個月或一、兩年時間急速地看書、聽講座便有顯著的成果，而是經年累月，浸淫在文化修養的操練中，方才見效。

### 4 安靜的功課

透過安靜的時間，讓自己獨處，不需要介懷別人的目光，不太着意人家的評價，只是靜靜地、如實地察看自己，才可以發現自己本來的面目。有時太留意別人的反應，內心衍生擔心、恐懼、憤怒，有時不能自拔地指控別人，有時苛刻地自我鞭策，這些反應有如心靈的塵埃，消耗很多心力來應付，令我們看不清自己的本相。

### 5 內省的功課

一日三省吾身，透過內省、觀察自己的一切內在經驗，不加以評價、不加以辯解，純粹以一個內在的自我觀察認識自己。這種內省的能力是人類最寶貴的禮物之一，還未泯滅的良知便是這個內省能力的彰顯。

### 6 從大自然中感悟

筆者有一些朋友，他們自小在鄉村長大，我發覺他們都有一種悟性，是在城市長大的人所缺乏的，彷彿有一種內心的豁達，有一種因大自然而培養出來的悟性。我相信這種悟性不是靠人為的建築物可以領受的，因此多與大自然接觸，可洗滌心靈，提高悟性。

### 7 聆聽忠告

有了安靜的心，便可以分辨哪些是別人惡意的攻擊，哪些是別人誠實的忠告。透過別人誠實的忠告，可以帶給我們很多提醒，亦從別人身上，看見自己的本相。

## 小結

不能明白受苦經歷的意義，會令我們感覺人生是荒謬的、割裂的，靈魂陷入黑暗的狀態，或許在身體上我們還在呼吸，但生命好像是行屍走肉，失去方向，且只活在自己的世界裏，只着力自我保護，對人自私、冷漠；然而一段有意義的受苦經歷，可令我們有健康的自我發現，誠實地認識自己的本相，知道自己的罪性，從而尋求上帝的寬恕，經歷恩典，對受苦的經驗也因而有一種跨越公道而來的釋放，不但如此，對生命也有一種深刻的領受，發現與其他生命的結連，相信宇宙的善，虛懷地接受生命，明白人生的最終意義。

最後我以《聖經》中約瑟的經歷作為一個小小的總結。約瑟在十二兄弟中排行十一，由於他深受父親寵愛，惹來兄長的嫉妒，結果遭兄長們陷害，被賣到埃及。在埃及亦遭護衛長的妻子陷害，鋃鐺入獄；在獄中為酒政解夢，本來酒政答允救他出獄，但酒政沒有信守承諾，約瑟再被出賣，最終他為法老王解夢而榮升宰相之職；亦因為這樣，他救了他的父親和眾兄弟，直至父子兄弟重逢，他終於明白「神差我在你們以先來，為要給你們存留餘種在世上，又要大施拯救，保存你們的生命。這樣看來，差我到這裏來的不是你們，乃是神。」約瑟終於明白多年來受苦的意義。

有很多受苦的經歷，在經歷當中是難於明白它的意義，要待日子久了，回望過去，才體會它在我們的人生中有什麼意義；而在這過程中，我們需要不斷安靜、內省、面對自己、存一顆受教的心，明白至高者給我們的啟示。

**參考書目：**

1 候活・祈連堡著，伍步鑾譯（1993），《牧養與輔導》。香港：基督教文藝。頁133。

2 Hellinger, B.（2003）. *Peace Begins in the Soul: Family constellations in the service of reconciliations*. Germany: Carl-Auer-Systeme Verlag. pp.7.

3 傅士德著，周天和譯（2001），《屬靈操練禮讚》。香港：學生福音團契。頁181。

4 載於喬安・波利森科著，陳蒼多譯（1995），《受苦的正面意義——新樂觀心理學》。台北：生命潛能文化。頁73。

5 Thich Nhat Hanh（1988）. *The Heart of Understanding: Commentaries on the Prajnaparamita Heart Sutra*. Berkeley: Parallax Press.

6 喬安・波利森科著，陳蒼多譯（1995），《受苦的正面意義》。頁51。

7 同上，頁55。

# 第 7 章

## 釋放：新我的誕生

魯益師在他的《痛苦的奧秘》中，對痛苦有很多精闢的見解。他提到痛苦是「挫那個叛逆的自我」，無疑這是一個折磨的過程，但若非這樣，那個橫梗的自我是不會死去的，因為「如果人的心靈覺得盡如人意，就不會想到去捨棄自我意志」。[1] 這個自我意志充滿謬誤和罪惡，我們會千方百計逃避面對，甚至為自我意志戴上各種美麗的面具，企圖自欺欺人，若非苦難的出現，我們便不會有機會赤裸裸地面對這個自我意志，捨棄它，讓它死去。

魯益師有句很美的說話：「受造之物正當的善，是將自己交給造物主——在智力上、意志上及感情上，活出作為受造那種關係裏。假如這樣做，就是良善，也是快樂的。」[2] 有時人實在太自以為是，忘記自己在宇宙中的身分，本來我們是受造之物，但漸漸地我們忘了自己的身分，一切以自己出發，不是服膺在造物主之下，反之，要造物主順應自己的意志。

痛苦帶來很大的情緒傷害，我們很想避免它，然而它的出現，好像是令那個驕傲的、偏執的自我死去；換言之，這是一個自我捨棄的過程，在這過程中，我們重新建立與造物主真正的關係。這種轉化帶來生命種種的改變，很多時候，生命的成長與聖化有很密切的關係。[3]

## 一．虛懷

太過如意的人生，少不免令人衍生驕傲和自大的傾向，以為一切盡在自己掌握之中，那種目空一切的態度，有時令人噁心。

記得年少的時候，一切都十分順利，無論讀書、工作、愛情，樣樣都稱心滿意，當時我感到快樂無比；然而這種快樂的背後是顆狂傲的心，我認為人生的幸福是掌握在自己手裏的，那些遇到痛苦的人不斷自怨自艾，是因為他們沒有「好好做人」。換句話説，我覺得他們的痛苦是咎由自取的。回想自己這份狂傲，真的不想面對，但這的確是真實的自己，直至先夫罹患癌症，整個世界好像要塌下來，那時我才深深感到世界並不是我想像中那麼簡單和表面。我不得不靜下來，在痛苦中領悟生命的奧秘。我漸漸意識到，無論我用盡多少人為的方法，也沒法改變先夫離世的現實，這是一個很大的情緒傷害；但頓然間，我好像體會到自己的無知和渺小，宇宙的奧秘似乎難以測透。坦白說，這是一個痛得撕裂的過程，然而這是一個打破內心狂傲的過程，讓我真正虛懷，面對自己的有限和無知。亦因為這個經驗，我甘心把自己再一次交託在上主手中。

奇妙地，虛懷本身亦是醫治情緒創傷之途，當一個人能俯伏下來，順服在至高造物主之下，那些因偏執而來的情緒傷害也會得到治癒。

## 二．憐恤

受過傷害的人，若能跨越釋放，對人對己都能由衷地散發一種憐恤。因為自己受過傷害、受過苦楚，才明白過程中種種難以言喻的體會和感受，不會輕易論斷別人的不是。有時一切太順利的人，都略帶一種輕視別人苦難的傾向。有一次，筆者有位患上嚴重抑鬱病的當事人，向另一位輔導員求助，她把多年來遇上的成長困難，目前碰到的人際關係問題一一向輔導員訴說，誰料那位輔導員認為這都是一些簡單的問題，只要當事人調校一下她的態度，以積極思想的方法處理便會沒事，因為「開心又要做人，痛苦又要做人，那麼為何不開開心心去做人？」那位輔導員以自義的態度教導當事人，好像完全感受不到當事人遭母親遺棄、朋友排斥、上司弄權帶給她的痛苦。見罷那位輔導員，當事人差點想輕生，因為她有種被侮辱的感覺。她把痛苦的遭遇分享，但感受不到輔導員的憐恤。

受過傷害而又能跨越的人，曾在受傷的經歷中體會過那些撕裂的痛楚，他們會明白這些感受，因而也會衍生對別人的同情和憐恤，更可以與受傷的人同哭。

## 三. 寬容

寬容是一種包容異己的能力，有時人與人之間存在很大的紛爭矛盾，都是源於欠缺一種包容異己的能力，我們心裏認為自己的一套想法是最好的，以判斷的心情看待別人做人處事的作風，當發現別人與自己的不同，便很容易泛起排斥的感覺，不然便是想改變別人，把自己的一套想法加諸別人身上。若得不到別人的順從，繼之便是暴力的出現，甚至有種想摧毀對方的傾向。這裏所指的暴力不一定是指身體上的暴力，也包含言語上的暴力，例如嘲笑、鄙視的言語，當中包含想透過傷害對方的情緒、尊嚴來迫使對方就範。再嚴重者是透過人際關係的排斥，把異己摒於門外，企圖孤立異己。凡此種種，都常見於人際關係的糾紛。

一個能捨棄自我，跨越情緒創傷的人，是能夠放棄那份自義、虛懷地認識異己，進入異己的世界，發現彼此都有共通的人性和軟弱，由此，他可以放下「自己比別人好」的想法，由體會自己的限制和軟弱，不單憐憫周遭的人，同時也能夠寬容地對待異己，視他們為可以合作的人，而不是與自己為敵的人；由衷地欣賞異己身上的長處，而不是想改變或排斥他們。

## 四. 感恩

生命是值得歌頌的，在每刻的經驗裏，都蘊含無限生機，經過痛苦洗禮的人，會深深體會很多人間最美善的東西，都是在最痛苦的時候出現。

筆者認識一位當事人，她自幼家貧，幾經辛苦才完成學業，但幼時所遺下的情緒創傷卻深深留下了烙印，在人際關係中，她那種自我保護的傾向，令她顯得自私、敏感、對人對己都要求甚高。其實她與丈夫的問題，很大程度上都與這些不能磨滅的情緒傷害有關。及至有一次，她遇上人生一個重大挫折——事業失敗，她幾乎支撐不住，聲嘶力竭地質問上蒼，為何對她如此不公？當她忿忿不平的時刻，很多以前曾被她傷害過的朋友同事，竟紛紛主動幫忙，不論是金錢上的協助，還是時間上的付出，都協助她渡過難關。她實在不大明白為什麼會這樣，這次經歷令她的生命起了重大變化，她竟然在人生最痛苦的時刻，經歷最大的祝福，她好像明白生命蘊含的弔詭性。當事業如日方中時，她內心有種説不出的莫名孤單；當她事業失敗時，竟然是她經歷人間最多溫情的時刻。在這段期間，她體會生命非由她掌控，當她以開放的心靈接觸生命時，她發現生命很多美善的地方；雖然她不能操控這次受苦的經歷，但她開始以感恩的態度，面對此時此刻所擁有和經歷的一切。她説：「想不到我還有這麼多朋友。」當她這樣説時，內心是充滿感激之情。

## 五．定力

有時人「左搖右擺」的態度，源於內心的恐懼。我們心底有很多懼怕，害怕失去、害怕開罪別人、害怕被別人排斥等等；我們相信擁有，受人喜歡是幸福的源頭，所以極力想保存它。由於不想失去這些東西，我們會下意識討好周遭的人，不想令別人失望，因此我們的反應是根據別人的情緒而回應，內心太多懼怕的人，很難衍生一份定力。

另外，因為我們情緒上的死穴，令我們不由自主地作出反擊，由死穴而來的怒氣遮蔽我們的眼睛，令我們失去定力。

經歷情緒傷害的人，當釋放後，會跳出自我世界的框框，認定更高層次的價值；同時亦會重新確定自尊的基礎，不是什麼外在的肯定和成就，而是因創造而來的內在價值。穩定的自尊以及更高層次價值的認定，都是定力的源頭。有了定力，我們會較容易做到「應做就去做」，不太受別人的認同、期望、情緒，甚或自己的死穴所牽引。

## 六．回應

深刻的情緒傷害，讓我們看見人與人之間是互相連結的，今天我們所受的情緒傷害，彷彿由那與我們直接交往的人所引致，但想深一層，對方的父母、朋友亦影響着這個人；換言之，我們與那些沒有直接認識的人，其實也存在一定的關係。

人與人之間互相連結，今天我們看見一個需要幫助的人，而我們又沒有回應，難保他朝我們不會因着這個應做而沒有做的事情而承擔後果。同樣地，若我們回應了一個呼喚，可能會祝福其他人，甚或不認識的生命。多年前筆者曾往美國進修，當年孤身一人在紐約居住，每逢佳節總有點思鄉的愁緒，幸好，有一位在大學任教的牧師的太太體恤我們這羣遊子的苦況，每逢中國人的節日，都在家中熱情款待，令我深受感動。多年後我到英國留學，心裏仍懷緬這份祝福，故此在經濟許可下，多次招待那些留學生。師母當年對我的祝福，想不到多年後，可惠及這羣與她素未謀面的英國留學生。

受過情緒傷害的人，一來深深體會生命互相結連的真相，同時在受苦時亦受過別人的溫暖幫忙，這些體會令釋放了的人，更有回應別人需要的能力。這份回應不是出於其他目的——諸如想別人喜歡自己、證明自己的能力等等，只是純粹因看見別人的需要而自然地作出回應，故此也沒有期望回報的企圖在內。

## 七．超脫

這是一種既入世，但又是出世的超脫。在現代社會中生活，其中一項最大的困難是對物慾的依附。我相信沒有一個時代像現代社會般，對物慾的貪婪已到了一個瘋狂的地步，我們不單病態地依附物質，而且放縱地隨便浪費。有時經過垃圾房，會見到一些簇新的家具被人棄掉；聽工人説，很多人裝修房子時，不論多新的家俬電器都一概不要，全要換新的，有時連這些工人也搖頭歎息，説香港人真的很浪費。其實在這些浪費背後，我們彷彿看見人對物慾的執著，這些東西有如身分的象徵，且會短暫地帶來一份滿足感。但經過情緒傷害的人，他們發現原來生命是充滿很多幻象，沒有深刻的反省和體會，我們做了這些幻象的奴隸也不自知。例如我們誤以為成就是建立自尊的基礎，我們亦誤以為愈能操控愈有安全感等等。情緒傷害反而讓我們看清這些幻象，重新思考什麼是生命中最重要的東西，因此會帶來超脫這些物慾枷鎖的釋放。

但超脫不等於出世。有些人發現生命中種種假象，明白偏執而來的愚昧無知，於是索性遠離塵世，不再過問人間世情。雖然偶爾的安靜帶給我們清晰的視野，但這處提及的超脫是入世的，我們在人羣中流露生命的祝福，在平凡瑣碎的事上活出愛來。沒有服侍，就不會有祝福，亦不會有愛，但這些祝福和愛不是源於自我、私慾，乃是生命經過洗練而淨化出來的能力，是一種靈性的體驗。傅士德説：「上帝想我們在日常生活的平凡事件中活出我們的靈性來。」[4] 換言之，我們要以超脫出世的心態來參與在平凡的生活中。

## 八. 尊重

「萬物皆有時」，對於需要操控的現代人來説，我們已經漸漸淡忘生命各有其序的道理，我們太心急，一切都想以自己的時間表來進行，自己的心意遠超過尊重其他生命。

情緒傷害令人體會自身的限制，為什麼情緒創傷會出現？因為外在的事物不依自己的心意而行，結果我們失望、痛心，甚至覺得對自己不公道。當我們體會自身的限制，由衷地發現生命與生命之間各有其秩序，不是自己想怎樣就可以，由此我們體會順服，亦開始懂得尊重。尊重的意思是指發現自己與別人不同，由衷地給予別人的生命空間，不致把自己的意思強加在別人身上。這是一個虛己的學習。

有很多人誤會尊重的含義，以為尊重代表河水不犯井水，你有你的世界，我有我的天地，大家各不相干。這不是尊重的含義，這似是放棄、不理會，當中帶有一點憤怒的味道。尊重別人的生命是從虛己開始，重視別人的生命特質，有其成長的時序，有其獨特的發展空間，內心帶着感激、讚歎生命的感受，給予別的生命成長的空間。

情緒傷害帶來的釋放，便是這種對生命由衷的欣賞及尊重。

## 九．智慧

智慧是一種分辨的能力，當人閱歷多了，體會深了，便開始懂得分辨，分辨真與假、表面與內心、真誠與虛偽等等。其實這是一個很奇妙的成長歷程，當我們呱呱落地時，我們活在自己的世界，分不清自己與別人，分不清什麼是重要和不重要。

隨着年齡的增長，我們在情緒上受了傷害，為了保護自己，建立了種種幻覺與圍牆，結果便活在這個自製的世界裏。我們以為有了這些幻覺與圍牆，便可以安全，怎料亦是這些幻覺與圍牆，令我們再次受傷害。這些傷害，動搖了我們自製的世界，令我們一再陷入情感受傷的痛苦裏，這些痛苦，令我們面對兩個選擇：究竟要把幻覺與圍牆築得更高？還是要捨棄舊我，臣服於造物主之下？前者令人更執迷於自我世界裏，而後者讓我們釋放，不再鬥爭，以超脫的心情看世界，在入世的同時，與世界亦可保持一段距離，結果更清楚看見這個世界、看見周遭的人和事，從而衍生一份生命歷練而來的智慧。

## 十．愛

沒有愛的生命就如不能響的鈸，縱使外表是如何美麗、如何有智慧，但對周遭的生命卻帶不出溫暖和善良，只有愛的生命才是活潑的、前進的。釋放的生命衍生恩典、智慧、尊重、寬容的靈性果子，以致對周遭的人的愛是活潑、有動感的，而不是一條方程式的自動反應。這種已不是出於恐懼的條件制約，不是出於討好而順應別人的期望，更加不是出於勉強而被迫盡責，乃是出於自由的、甘心樂意、自然而然的回應。奇妙的是，當我們為別人的好處而活出我們的生命時、為愛別人而奉獻自己時，我們會更加找到自己、發現自己、認定自己的位置。

另外，這種愛乃出於一種因不完美而來的動力。筆者曾參加一個德國心理治療師海靈格的工作坊，他有很多對人生智慧的洞察，這位曾任職宣教士二十多年、年屆八十高齡的心理治療大師說：「創造是由不完美所推動，由於不完美，所以每刻都在創造，每刻都在移動，若完美已經達到，就毋須再工作了。」這句話挺有意思。世界充滿缺憾、充滿不完美，而我們不斷作出回應去修補，不斷前進，這就是一種愛的表達。

## 小結

人生確實有很多令人傷痛的地方，姑勿論這些傷害是由天災、人禍還是自己個性上的執著而來，這些傷痛實在很痛苦，無數人經歷這些傷痛時總不住地問「為什麼？為什麼？」、「上帝在哪裏？」坦白說，筆者在傷痛時，也傷心地問過這些問題。要知道這些問題的答案可不容易呢！或許在人生尋尋覓覓的旅途中，這個奧秘會漸漸地向我們揭示。然而到目前為止，筆者體會傷痛其中一個重要意義是讓「舊我」死去，「新我」才有機會誕生。人確實有一些十分頑固的習慣，從理智的角度去看，這些都不是好的習性，但在風平浪靜的日子，要把這些習性改變是極之困難，或許真的如魯益師所說，要經歷磨難才能使那叛逆的自我死去，才可以將自己交給造物主。

這個新我的誕生令我們能以虛懷、憐恤、寬容、感恩、定力、回應、超脱、尊重、智慧和愛來迎接生命。縱使生命經歷多少情緒傷害，我們仍然堅信生命是美好和良善的。

**參考書目：**

1 魯益師著，鄧肇明譯（2001），《痛苦的奧秘》。香港：基督教文藝。頁 86。

2 同上，頁 84。

3 Anderson. H. & Foley. E.（2001）. *Mighty Stories, Dangerous Rituals: Weaving together the human & the divine*. San Francisco: Josse-Bass. pp.147.

4 傅士德著，周天和譯（2001），《屬靈操練禮讚》。香港：香港基督徒學生福音團契。頁 41。

# 跋

完成這本書的寫作，我愈來愈感受到痛苦是一個由自我偏執至自我捨棄的歷程。寫書的過程充滿很多體會和感慨。在撰寫這本書的這段時間，我和外子都在人生的路途上遇到很大的考驗，雖然事情發生在外子身上，但我感受的痛苦可能要比他更深。事情已發生了半年，還在處理中，感受時有起伏，有時以為有盼望得到解決，但突然又會傳來不利的消息，簡直是一種無形的煎熬。當事情剛剛發生，我們感到整個世界都好像崩潰似的，實在太荒謬、太多不公義的地方，我們想找人幫忙，但事情很複雜，涉及的人和事太多，我們沒法子做到什麼去改變局面，那種欲哭無淚、求助無門的感覺真的很難受。坦白說，我連祈禱的能力也都失去，甚至覺得自己的禱告不被聆聽，這是很深很深的痛苦。我和外子想千方百計逃離那個處境，但竟也逃不掉，上天好像一定要外子留在那個處境，要面對它，不可逃避。

除了種種複雜的感受外，對我來說，更重要是這些事情的意義，當我領悟到「痛苦是一個自我捨棄的歷程」時，頓然感到一道曙光，彷彿在荒謬的世界裏看到背後的條理。

曾經一度我怕自己患上抑鬱症，甚至非理性地歸咎自己的命運，是否命中註定要連累家人？當然這絕對是個非理性、無稽的想法；但原來在低沉的日子，什麼荒謬的想法都會出現，我奮力要把自己從低谷中拉上來。恰巧自己正寫此書，這實在太巧妙，當我一邊撰寫、一邊好像是經歷心靈醫治，在閱讀有關書籍時，共鳴更深，在我很多不明白的地方得了一個答案、一個回應。

我很感激外子對我的體諒，在他面對千軍萬馬的時候，還要給這個妻子安慰，他亦說：「我仍然相信事情的發生有其意義，上帝在保守。」在黑暗的日子，我們更加需要相信，需要盼望。

希望這本書亦能帶給情感正在受傷的你一點安慰、一點提示。

# 附錄一

傷害事件
違反我們的基本需要：
1. 安全感
2. 愛與歸屬
3. 自尊
4. 自我實現
5. 屬靈的需要
產生
傷上加傷：
· 個性扭曲
· 令我們更不能滿足需要或被判斷、誤解
個性
感受：未完全感受
世界觀：陝小及偏差的世界觀
出路
體驗受苦的情緒重建意義
不再停滯於過去
建立更有智慧的人生觀
新我的誕生
自卑的傾向
懷疑的傾向
自我保護的傾向
強迫的傾向
非理性的傾向
憤世嫉俗的傾

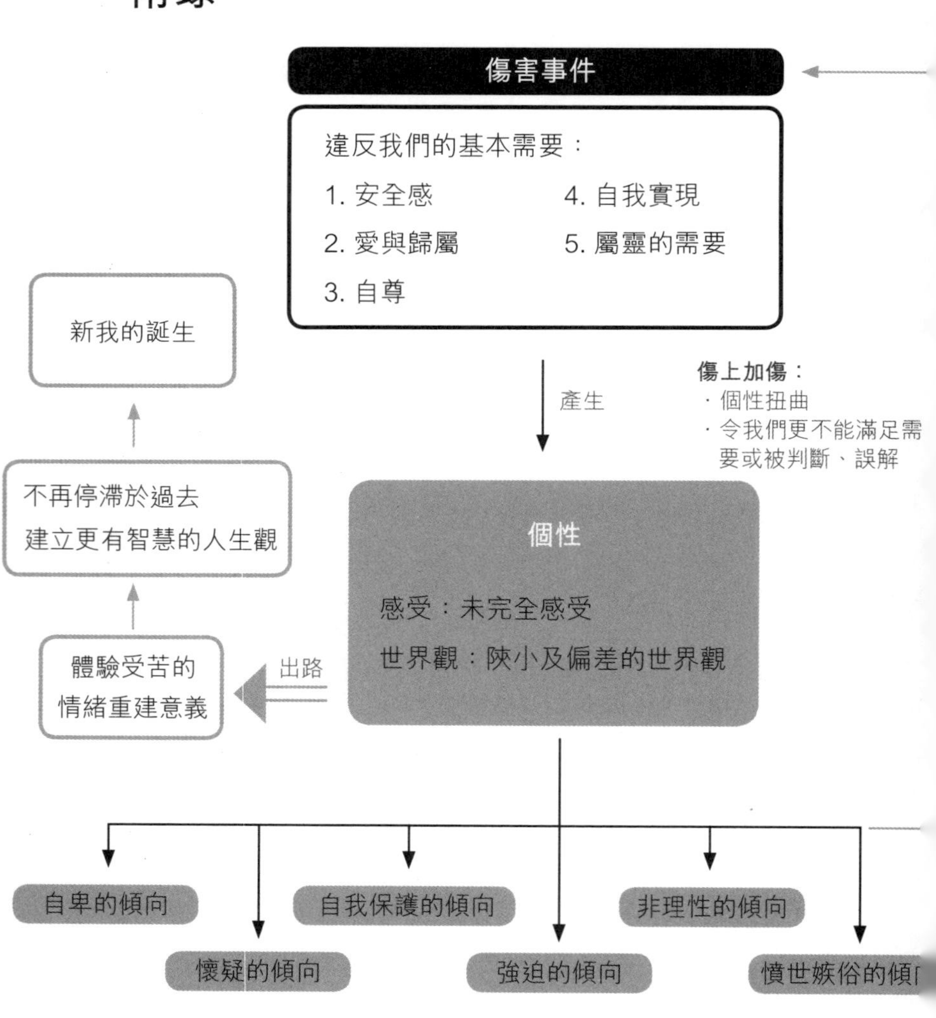

# 附錄二

請大家勇敢地面對情緒傷害：

1. 回憶一件令你十分傷心、令你受傷的事情。

2. 這件事令你有什麼感覺？

3. 它令你動搖了什麼信念？

4. 它怎樣影響你的自我價值？它怎樣影響你與周遭的人的關係？

5. 從這件事你發現了什麼？ 認識了怎樣的自己？

6. 你有沒有建立一個更高的信念來理解整件事？

7. 整件事對你有什麼意義？

8. 經過這件事，今天的你有什麼成長？

- 自我價值方面
- 面對生命無常與痛苦的能力
- 對生命意義、盼望的情況
- 愛人的能力

（筆者設計以上問題，幫助當事人檢視自己的情緒傷害，從而更認識自己的狀況，在適當的地方幫助自己。）